レポート・論文作成のための

引用・参考文献の書き方

藤田節子 著

日外アソシエーツ

装丁：赤田 麻衣子

はじめに

　私たちは、文章を書くにあたって、他人の図書や文献を読み、参考にする。また、自分の文章の中に、他人の文章やデータなどを引用する場合もよくある。これら参考にしたり引用した図書や文献の出典（すなわち著者名や書名など）を、自分の文章の中に明示することは、著者としてのモラルであり、国際的な著作権のルールでもある。

　今日、大学生や研究者に限らず、ビジネスマンやごく一般の人々も、ネット上のサイトやブログなどを通じて、情報発信や公開の機会が格段に多くなってきた。ネット上のブログやWebページの文章も、小説や論文同様、ひとつの著作物であり、引用したり参考にした文献の出典を明示しなければならないことに変わりはない。

　昨今は、著作権の知識が一般に普及し、引用や参考文献には出典を明示しなければいけないということが認識されてきているので、多くの人々は、きちんと書きたいと思っている。けれども、いざ実際に書こうとすると、どのように書けばいいかよくわからず、適当に書いてお茶を濁しているのが実情ではないだろうか。

　学術研究分野では、先人の業績の上に新たな研究業績が積み重ねられていくという特性があるため、自分の論文に引用し参考にした文献の出典を正確に書くことは、研究者として必須のこととされている。特に科学技術分野では、専門分野ごとに記述方法は若干異なるものの、一定の基準が整えられてきた。わが国では、科学技術分野全般での共通した引用や参考文献の書き方の基準として、後述する『SIST（シスト）02　参照文献の書き方』が定められ利用されている。

本書の目的と利用対象者

　本書は、学術分野を含むけれども、それに限定しないで、一般の学生やビジネスマン、市民を対象として、いろいろな種類の文献や資料

を引用したり参考にする場合の出典、すなわち著者名や出版年などの必要な項目（これらを書誌要素という）の書き方を示した。

あらかじめ準拠すべき基準が示されていない場合はもちろんのこと、学術雑誌の執筆規定のように、基準が示されていたとしても、具体的例示がなかったり、細部の書き方が明確でない場合には、ぜひ本書を利用していただきたい。また、複数の分野にまたがる学際的な領域においては、各分野の統一のために本書の書き方が参考になる。

なお、本書ではSIST02に倣って、引用文献や参考文献をまとめて「参照文献」ということにする。一般的に、引用文献とは、自分の文章に他人の文章を引用した文献をさし、参考文献とは、参考にした文献をさして区別するが、混在して使用される場合もある。いずれの場合も、本書の書き方で書くことができる。

本書の特徴

本書は、『SIST02-2007 参照文献の書き方』[1]の考え方や記号法などに準拠している。SIST（科学技術情報流通基準）は、（独）科学技術振興機構（JST）が管理する、科学技術情報流通を促進するために定められた基準で、その中に『SIST02-2007 参照文献の書き方』がある。このSIST02は1980年にISO690[2]に準拠し作成されたが、その後、電子文献の出現などの情報環境の変化に対応して、4回の改訂等が行われている。SIST02は、科学技術情報を対象としているが、日本語文献と欧文文献、ならびに電子媒体と紙媒体を、統一した形式で書くことができ、なおかつ豊富な記述例をも示した、わが国において唯一の公的な基準となっている。この基準はJSTのホームページで誰でも閲覧することができる。

特定の分野の慣習に偏ることなく、誰もが参照文献の書誌要素（著者名や書名など）を誤りなく記述でき、それを誰もが間違いなく読み取って、原情報を入手できる書き方を示すために、本書ではこのSIST02の考え方や記号法などに準拠することにした。

さらに、科学技術文献では扱わない資料の種類－たとえば新聞記事

や判例、映画などの具体例を加えた。縦書きの書き方も試案として載せた。また、解説もできるだけ一般の方々にわかりやすいように書き砕き、具体例も一般的な文献を用いている。

　すなわち、本書にしたがって記述すれば、一般の人々が、自らのホームページや会社の企画書などあらゆる著作物で、日本語や欧文の紙媒体と電子媒体の文献を参照する場合に、統一したルールで出典を明示することができる。

本書の使い方
個人的に使用する場合
　自分が掲載しようとしている出版物や媒体（雑誌やWebページなど）に、執筆規定などによって参照文献の書き方が示されてない場合は、本書にしたがって記述をすればよい。

　執筆規定などによって、参照文献の書き方が示されている場合は、もちろん、それに従わなければならない。しかし、その規定に自分が書きたい資料や媒体の記述例がない場合—たとえば会議資料やWebページの書き方の例が示されていない場合—には、本書第4章から、自分が書きたい資料の具体例を選んで、必要な書誌要素（著者名や書名など）を、その規定に定められた記述順序と記号にしたがって書くとよい。

学会・大学・出版社の編集者の方々へ
　学会誌や紀要などの執筆規定を作成する場合は、SIST02-2007の通則と記述の仕方、および本書の第2、3章を参考にして、規定を詳細に作成することをお勧めする。

　執筆規定の資料別記述の例示が十分でない場合には、SIST02-2007の例示、および本書の第4章を参考にして、資料毎の例示を詳細に作成すると執筆者に使いやすいものになる。

本書の構成と読み方

　第1章で、参照文献がなぜ必要とされるのか、出典としてどんな条件を満たせばよいのかその役割と要件を明確にする。第1章は必ず読んでいただきたい。

　第2章では、記述する書誌要素のグループと書誌レベル（階層）について解説し、書誌要素を原情報からどのように見つけ出すか、本書における書体や句読点などの記号法を述べる。

　第3章では、第2章で示した各書誌要素について説明をする。

　第4章では、資料の種類と書誌レベル別の具体的な記述例を示す。第4章のはじめに、これらの具体例を、資料の種類や書誌レベル、書誌要素から引ける索引を載せている。「論文集の中の1論文を書きたい」「著者名がない場合にはどうしたらいいか」というような場合には、この索引から適切な具体例を探すことができる。また参考として、縦書きの参照文献の書き方について試案を示した。

　もし、すぐに参照文献を書きたいならば、第2章と第3章の説明は飛ばして、この第4章の具体例を探して真似することを勧める。書誌要素などの詳しい説明を求めるならば、あらためて第2章と第3章を読めばよい。

　第5章は、図書の奥付や雑誌記事の標題紙、Webページの画面から、実際に書誌要素をどのように読み取り、どのように書くのかを示している。練習問題と解答も載せている。

　「どのように引用したらよいか」という質問は引用文献の書き方と関連して、筆者がよく耳にする質問のひとつである。引用のしかたはいろいろあるが、付録に、こうした引用のしかたについて、ひとつの方法を例示した。

　巻末に参照文献の書き方に関する基準や、参考になる文献などをリストした。

　また、最後に本書の本文の索引を掲載している。目次に出ていない細かい項目内容から、該当するページを探したい場合に利用してほしい。

はじめに

　なお、本書の内容についてのご指摘やご意見は、奥付のメールアドレス宛にいただければ幸いである。

テンプレートの利用

　本書144ページには、日外アソシエーツのホームページから「レポート・論文作成のための引用・参考文献の書き方」サイトにアクセスできる、ID番号とパスワードが印刷されている。このID番号とパスワードを使ってサイトに入ると、主な資料の参照文献のテンプレートを利用できる。読者は、参照文献の資料の種類や書誌レベル、言語を選択したあと、指定されたフォームに書誌要素を入力すれば、本書の基準で自動的に参照文献が表示されるようになっている。書誌要素を間違いなく入力するだけで、句読点や書誌要素の順番に迷うことなく、主な資料の参照文献を本書の書き方で書くことができるので、是非利用してほしい。

謝辞

　本書の出版にあたり、企画段階から貴重なご意見をいただき、また丁寧に原稿の閲読をいただいた、前SIST02分科会委員会主査古谷実氏（ぷろだくしょん賦智）、ならびに同委員小林一春氏（国立国会図書館）と棚橋佳子氏（トムソン・ロイター社）に、心から感謝の意を表します。また、科学技術振興機構研究基盤情報部調査普及課においては、SIST02に準拠した本書の出版を快く了解していただいたことを感謝いたします。

注：
1) SIST02:2007. 参照文献の書き方. 本基準は、科学技術振興機構編. SISTハンドブック. 2008年版, 科学技術振興機構, 2007, p.57-94. あるいは、科学技術振興機構. SIST02 科学技術情報流通技術基準: 参照文献の書き方. http://sist-jst.jp/handbook/sist02_2007/main.htm, (参照 2008-08-07). でも入手できる。
2) ISO 690:1987. Documentation — Bibliographic references — Content, form and structure. および ISO 690-2:1997. Information and documentation — Bibliographic references — Part 2: Electronic documents or parts thereof.　なお、ISO 690-2:1997の翻訳規格として、JIS X 0807:1999. 電子文献の引用法. がある。

目　次

はじめに ･･････････････････････････････････････ i

第1章　参照文献の役割 ････････････････････ 1
　　参照文献の役割 ･･････････････････････････ 2
　　著作権法の規定 ･･････････････････････････ 3
　　引用のしかたの違い ･･････････････････････ 5
　　参照文献の書き方の違い ･･････････････････ 6
　　最も重要なポイント ･･････････････････････ 8
　　不十分な参照文献とは ････････････････････ 9
　　統一性 ･･････････････････････････････････ 10
　　参照文献の信頼性 ････････････････････････ 10

第2章　書誌要素と表記法 ････････････････ 13
　　書誌要素とは ････････････････････････････ 14
　　書誌要素の4つのグループ ････････････････ 14
　　書誌要素を書く順序 ･･････････････････････ 15
　　書誌レベル ･･････････････････････････････ 16
　　書誌要素を見つける箇所 ･･････････････････ 17
　　言語と文字 ･･････････････････････････････ 18
　　略記 ････････････････････････････････････ 19
　　書体 ････････････････････････････････････ 20
　　句読点法とその原則 ･･････････････････････ 21

第3章　主な書誌要素の解説 ･･･････････････ 23
　　著者に関する書誌要素 ････････････････････ 24
　　標題に関する書誌要素 ････････････････････ 28
　　出版に関する書誌要素 ････････････････････ 31
　　注記的な書誌要素 ････････････････････････ 35

目　次

第 4 章　参照文献の具体的な書き方 ……………… 39
　本章の読み方 …………………………………………40
　具体例の探し方（索引の使い方）…………………40
　適切な具体例が見つからない場合 …………………41
　「資料の種類と書誌レベルから調べる」索引 ……42
　「書誌要素から調べる」索引 ………………………46

　　A. 図書 ……………………………………………53
　　　(1) 図書 1 冊 ……………………………………53
　　　(2) 図書の中の 1 部分（編纂書以外）………61
　　　(3) 編纂書の中の 1 部分 ………………………63
　　B. 雑誌記事 ………………………………………66
　　C. 新聞記事 ………………………………………75
　　D. 参考図書（事典・辞書・白書・年鑑など）の 1 部分 ……77
　　E. 政府刊行物 ……………………………………82
　　F. パンフレット …………………………………83
　　G. 規格 ……………………………………………84
　　H. レポート（技術研究報告書、調査研究報告書など）……84
　　　(1) レポート 1 冊 ………………………………84
　　　(2) レポートの 1 部分 …………………………86
　　I. 会議資料 ………………………………………88
　　　(1) 会議資料の 1 冊 ……………………………88
　　　(2) 会議資料の 1 論文 …………………………89
　　J. 博士論文 ………………………………………91
　　K. 判例 ……………………………………………91
　　L. テレビ・ラジオ番組 …………………………92
　　M. 映像資料 ………………………………………93
　　N. 音楽 ……………………………………………94
　　O. Web サイト、Web ページ …………………95
　　［参考］縦書きの参照文献の書き方 ……………98

　　　コラム 1: ISBN …………………………………61
　　　コラム 2: ページの省略と pp. …………………66
　　　コラム 3: 雑誌記事の引用符「""」 ……………74
　　　コラム 4: URL …………………………………97

vii

第5章　参照文献を書いてみよう　　103
　　図書1冊　　104
　　雑誌記事　　109
　　電子ジャーナルの1論文　　113
　　WebサイトとWebページ　　116
　　書誌要素の確認方法　　118
　　練習問題　　119

付録・引用のしかた　　129
参考文献　　132
関連規格　　133
索引　　136

第1章

参照文献の役割

参照文献の役割

　引用文献とは、自分の文章の中で引用した、他人の文章や意見、データの原文献をいう。一方、参考文献とは、自分の文章を書くにあたって参考にした文献で、引用文献と重複する場合もある。本書では引用文献、参考文献をまとめて参照文献という。

　参照文献の出典とは、具体的には著者名や書名、出版年などをさし、これらのひとつひとつは書誌要素と呼ばれている。すなわち、書誌要素の集まりが出典となる。

　引用のしかたはいろいろあるので、それについては後に触れるが、どのような引用のしかたをするにしろ、その役割は共通している。

　参照文献の役割のひとつは、著者が過去の研究や文献、事実・データの調査と収集を十分かつ正確に行って、その上に立って新たな考えや意見を述べていることを証明し、著者の主張の信頼性や、新規性・独創性を明らかにすることである。したがって、著者は、利用した参照文献の出典・出所を明示して、読み手がそれを手がかりにして、参照文献を入手し、内容を確認できるようにしておく必要がある。

　たとえば、「わが国の出生率は1.32である」ということを基にして、自分の考えを述べている場合に、そのデータが間違っていると、自分の主張も崩れてしまう恐れがある。そこで、そのデータの出所を明示して、信頼性のあるデータであることを読者が確認できるようにし、自分の主張の正当性を裏付けるのである。

　もうひとつの役割は、参照文献が読者に対する文献案内となることである。読者は参照文献によって、そのテーマに関連する過去の文献を知り、研究の動向の確認もできて、文献調査の助けとなる。実際私たちは、興味ある図書や文章の末尾にある参照文献のリストから、さらに関連する文献や資料を見つけて読み進めるということをよくする。

参照文献は、著者の一定の評価が与えられた文献として位置づけられ、これを用いれば読者の文献調査の時間や手間を省くことができ、ひいては情報の創造が促進される。したがって、著者は、読者が参照文献を入手できるように、これを正確に書かなければならない。

このようなことから、参照文献を正確に書くことは、特に学術研究分野では不可欠とされている。学術研究分野では、先人の業績の上に、自らの新たな業績を積み重ねていく。したがって、一般的に大学の卒論や研究論文では、参照文献がないということは考えられないし、参照文献の出典を正確に書くことは研究者のモラルとされてきた。

著作権法の規定

実は、学術研究分野だけでなく、一般的に他人の文章やデータを、自分の文章に利用する際には、出典を明示することが著作権法で定められている。これはわが国に限らず、国際著作権条約のベルヌ条約などにも規定された、国際的なルールでもある。

引用というのは、他人の文章のコピーなので、本来は著作者の許諾を得ないと行えないのだが、これまで述べたように、引用は自分の主張や意見を述べるためには不可欠の行為である。そこで、著作権法では、一定の条件のもとで、著者の許諾を得ないでも行えるようになっている。

わが国の著作権法では、第32条[1]に引用に関する著作権制限規定がある。これをわかりやすく言えば、以下のような要件を満たせば、公表された著作物を引用できる。

①引用の必然性があること。
　　引用する目的は、自分の考えや意見の根拠や正当性を示すため

であるから、そうした必然性があることが求められる。したがって、一般的によく知られていることがらや、自分の言葉で述べることができる事実などは、他人の文章を引用する必要性がないといえる。
②自分の文章が主で、引用が従であること。
　　自分の文章が主になり、当然その分量は多く、引用の文章は従となり量も少なくなる。他人の引用文ばかりを書き連ねて、自分の文章が少なくては説得力がない。
③自分の文章と他人の文章を括弧でくくるなどして、区別をすること。
　　通常引用が短い文章ならば、「」（かぎ括弧）や""（引用符）を用いたり、長い文章の場合は、1行あけたり、字の大きさを小さくしたりして、読者が引用文だということが明確にわかるように区別して書く。引用のしかたについては、一つの例を付録に記載しているので参照してほしい。

　また、著作者には、同一性保持権という著作者人格権がある。これは、わが国の著作権法第20条第1項で「その意に反してこれらの変更、切除その他の改変を受けないものとする。」[2]とされていて、引用する場合にも、一字一句変えないように原文のまま引き写すことが求められている。誤字や脱字があった場合にもそのまま書き、「原文のとおり」などと注記する。
　さらに、本書に関係して著作権法第48条[3]には、引用した文献の出典を明示すること（第1項）、少なくとも著者名を書くこと（第2項）が規定されている。
　しかし、著作権法には、どのように出典を書いたらよいかについては「合理的と認められる方法及び程度により」（第1項）としか書かれていない。本書では、この出典の書き方を示している。

引用のしかたの違い

　参照文献の書き方は、引用のしかたに関係している。
　現在行われている引用のしかたは、大きく2つの種類に分けられる。ひとつはハーバード方式、もうひとつはシカゴ方式などと呼ばれている。
　下記の例1のハーバード方式では、本文中の引用した部分に著者名と出版年、ページを示し、文章の最後に、著者名の順に（同じ著者名の場合は出版年順に）リストする方法である。このハーバード方式は、心理学などの分野で見られる。
　一方、例2のシカゴ方式は、引用した部分に、はじめから順番に番号を付けて、各章末や文章末に番号順にリストする方法である。例2は例1と同じ文章をシカゴ方式で引用した例である。
　本書では、ISO690やSIST02に準拠し、かつ全体的にみて主流となっているシカゴ方式をふまえて規定している。

例1　ハーバード方式（著者名順方式）
　　　　　　　　　　　本文
　古谷（2007, p.155-161）は、基準の保守性と先進性について述べている。…（略）…"参照文献の役割のひとつは、…著者の主張の信頼性や、新規性・独創性を明らかにすることである"（藤田, 2009, p.2）
　　　　　　　　　　文献リスト
藤田節子(2009). レポート・論文作成のための引用・参考文献の書き方. 日外アソシエーツ, p.2.
古谷実(2007). 改正された「参照文献の書き方」: SIST02 2007年版について. 情報管理. 50(3), p.155-161.

例2　シカゴ方式（注番号順方式）
本文
　古谷[1]は、基準の保守性と先進性について述べている。…（略）…"参照文献の役割のひとつは、…著者の主張の信頼性や、新規性・独創性を明らかにすることである"[2]
文献リスト
1）古谷実. 改正された「参照文献の書き方」: SIST02 2007年版について. 情報管理. 2007, 50(3), p.155-161.
2）藤田節子. レポート・論文作成のための引用・参考文献の書き方. 日外アソシエーツ, 2009, p.2.

参照文献の書き方の違い

　一方、参照文献の書き方も各分野や雑誌ごとで異なり、千差万別であるといってよい。
　たとえば、雑誌記事を、代表的なスタイル4つで書いて比べてみると、同じ記事でも以下のような書き方の違いがある。これは、各分野における古くからの慣習や、有力な抄録索引誌や学会誌の執筆規定に準じていたりするからである。

①人文社会学系スタイル
　鈴木弘孝・三坂育正「季節の違いによる壁面緑化の温熱環境改善効果」『日本緑化工学会誌』第33巻4号、2008年、587-595頁。
　Simon Batterbury, "Anthropology and global warming: The need for environmental engagement, " *The Australian Journal of Anthropology*, Vol.19, No.1, 2008, pp.62-68.

　人文社会学系でよく用いられる一例である。和文文献は、記事タイ

トルを「」で囲み、雑誌名を『』で囲んで区別する。出版の書誌要素は巻号や年、頁などをつけて「、」や「。」の句読点で区切る。欧文文献は、著者名を名姓の順にして、記事タイトルを""で囲み、雑誌名はイタリック体にして区別する。出版の書誌要素はVol.No.として、複数頁は「pp.」とする。書誌要素は「,」で区切る。

②ＭＬＡ（米国現代語学文学協会）スタイル
　鈴木弘孝, 三坂育正. "季節の違いによる壁面緑化の温熱環境改善効果." 日本緑化工学会誌 33(2008): 587-95.
　Batterbury, Simon. "Anthropology and global warming: The need for environmental engagement." Australian Journal of Anthropology 19 (2008) : 62-68.

　米国現代語学文学協会のスタイルである。和文文献に応用してみた。著者名を姓名の順に転置し、記事タイトルを""で囲み、雑誌名にはアンダーラインを引く。通巻ページならば、巻数のみを記述し、その後に出版年を書く。最後の頁は2桁で書く。

③ＡＰＡ（米国心理学会）スタイル
　鈴木弘孝, 三坂育正 (2008). 季節の違いによる壁面緑化の温熱環境改善効果. 日本緑化工学会誌, *33*, 587-595.
　Batterbury, S. (2008). Anthropology and global warming: The need for environmental engagement. *The Australian Journal of Anthropology, 19*, 62-68.

　アメリカ心理学会のスタイルである。和文文献に応用してみた。著者名を姓名の順に転置し、名はイニシャルで書く。出版年はその後に

書く。雑誌名と巻数はイタリック体で、頁は数字のみとする。

④ SIST02 スタイル

鈴木弘孝, 三坂育正. 季節の違いによる壁面緑化の温熱環境改善効果. 日本緑化工学会誌. 2008, 33(4), p.587-595.

Batterbury, Simon. Anthropology and global warming: The need for environmental engagement. The Australian Journal of Anthropology. 2008, 19(1), p.62-68.

本書が準拠するSIST02-2007のスタイルである。和文文献、欧文文献ともに、原則的に書誌要素の句読点や用いる記号などは統一されていて、書体の変化もつけていない。著者名は姓名の順、記事タイトル、雑誌名、出版年、巻号、ページの順で書く。

最も重要なポイント

　このように引用のしかたによって、あるいは各分野の慣習によって、参照文献の書き方は、書誌要素の位置や書体、記号の使い方などさまざまな違いがある。

　したがって、ある分野の研究をずっと続けてきて、その分野の書き方に慣れている人は、本書や他分野の書き方を見ると、違和感を感じたり、間違っていると思うかもしれない。それは、互いにそうなのである。どれが正しいということではない。

　結局のところ、前に述べた参照文献の役割を満たすためには、出典には「誰が」「何というタイトルで」「いつ」「何という媒体に」発表したかが、どんな分野の読者にも明確にわかればよい。そして、誰もが、その参照文献を読めば、原文を入手すべきかどうかの判断がつき、そ

第1章　参照文献の役割

の文献に迅速にたどり着ければよいのである。これにつきる。

　すなわち、参照文献の書き方で最も重要なことは、それぞれの資料に対して、識別性のある必要十分な書誌要素が書かれていることである。

　このことさえ満たされていれば、引用のしかたによって書誌要素の順番が多少違っていても、ピリオドがコンマになっていても差し支えない。

不十分な参照文献とは

　問題になるのは、必要十分な書誌要素が書かれていない場合である。

　たとえば、論文名が書かれていないと、読者は論文内容がわからないので、入手すべきかどうかの判断がつかないし、もし雑誌名や著者名に書き間違いがあると、論文名がないために、探し出すのに時間がかかる。

　雑誌論文のはじめのページのみが書かれていて、おわりのページが書いていなければ、どのくらいのボリュームであるか見当がつかない。入手してみてはじめて、1ページ程度の短文であることがわかったりする。

　著者名に「Kim, K.」とファーストネームを略されると、韓国人名などの場合は誰が書いたか特定が難しい。文献リストに「Kim, K.」と3人並んでいても、同一人物であるかどうか判断できない。

　また、雑誌名で「国際法外交雑誌」を「国際」、「岩石鉱物鉱床学会誌」を「岩鉱」などと省略すると、雑誌名の特定に時間がかかる。「国際」を含む雑誌名は数多く存在するし、同じ分野で「岩石鉱物科学」という雑誌名もあってまぎらわしい。

　以上のような不十分な書き方がされていると、参照文献を識別し迅速に入手し読むことができないため、出典の役割を満たしているとは言い難い。

9

統一性

　必要十分な書誌要素が書かれていることに加えて、自分の文章内や同一のタイトルの雑誌の中で、書き方の統一が必要である。

　たとえば、日本人著者名は「手塚治虫」あるいは「Tezuka, Osamu」と書き、別の欧米人著者名は「ウォルト・ディズニー」あるいは「Walt Disney」と書くのは統一性に欠ける。なぜならば、「手塚治虫」は姓名の順で、「ウォルト・ディズニー」は名姓の順だからである。著者名は、姓名の順に統一して「ディズニー, ウォルト」と書くほうがよい。

　ある記事のページ数に「pp.554-568」と書き、図書の1部分に「p.554〜568」と書くのも、記号（pp. と p.、「ハイフン」と「〜」）の統一がなされていない。

　また、「和書の書名は『』でくくり、洋書の書名はイタリック体で書く」、「和書の各書誌要素間は「、」で区切るが、洋書の各書誌要素間は「,」で区切る」など、和文文献と欧文文献で、書体や記号などが異なる場合もあり、参照文献を書く者にとっては、時に煩雑な作業となる。それがひいては、記述の正確性や統一性を欠けさせる原因になる。

　参照文献を読み手に間違いなく理解してもらうために、自分の文章内や、同一のタイトルの雑誌の中では、参照文献の書き方を統一する必要がある。

参照文献の信頼性

　本書の目的とは若干外れるが、参照文献の信頼性について、本章の最後に述べておきたい。

　参照文献の役割は、先に述べたように、著者の主張の正当性や独創性を保証し、のちに読者がその文献を入手し内容を確認できることで

第 1 章　参照文献の役割

ある。したがって、参照文献は、「誰が」「いつ」「何と言うタイトル」で書いたかが明確で、かつ同じ文献を後で読者が入手可能なものであることが求められる。そのため、著者が匿名や不明である場合（たとえば匿名の Web サイトやブログなど）は、その信頼性を確かめられないので、一般的に参照文献としては不適当と言える。

　また、インターネット上で常に更新され、その情報が保存されていない Web ページは、のちに読者がアクセスしても、存在しなかったり、更新されて、筆者が参照した情報と同じものを見ることができなくなってしまう。継続性や信頼性のあるサイトならばよいが、特に学術分野では、参照文献としては適切ではないと判断される場合がある。

　学校や大学におけるレポートや論文はもちろんのこと、企業における企画書・提案書、パンフレット、プレゼンテーションの資料など、あらゆる公開される文書・文献においても注意する必要がある。

注：
1) 第三十二条　公表された著作物は、引用して利用することができる。この場合において、その引用は、公正な慣行に合致するものであり、かつ、報道、批評、研究その他の引用の目的上正当な範囲内で行なわれるものでなければならない。
　　 2　国若しくは地方公共団体の機関、独立行政法人又は地方独立行政法人が一般に周知させることを目的として作成し、その著作の名義の下に公表する広報資料、調査統計資料、報告書その他これらに類する著作物は、説明の材料として新聞紙、雑誌その他の刊行物に転載することができる。ただし、これを禁止する旨の表示がある場合は、この限りでない。
2) 第二十条　著作者は、その著作物及びその題号の同一性を保持する権利を有し、その意に反してこれらの変更、切除その他の改変を受けないものとする。
3) 第四十八条　次の各号に掲げる場合には、当該各号に規定する著作物の出所を、その複製又は利用の態様に応じ合理的と認められる方法及び程度により、明示しなければならない。
　　一　第三十二条、第三十三条第一項（同条第四項において準用する場合を含む。）、第三十三条の二第一項、第三十七条第一項、第四十二条又は第四十七条の規定により著作物を複製する場合
　　二　第三十四条第一項、第三十七条第三項、第三十七条の二、第三十九条第一

11

引用・参考文献の書き方

　　　項又は第四十条第一項若しくは第二項の規定により著作物を利用する場合
　三　第三十二条の規定により著作物を複製以外の方法により利用する場合又は第三十五条、第三十六条第一項、第三十八条第一項、第四十一条若しくは第四十六条の規定により著作物を利用する場合において、その出所を明示する慣行があるとき。
２　前項の出所の明示に当たつては、これに伴い著作者名が明らかになる場合及び当該著作物が無名のものである場合を除き、当該著作物につき表示されている著作者名を示さなければならない。
３　第四十三条の規定により著作物を翻訳し、編曲し、変形し、又は翻案して利用する場合には、前二項の規定の例により、その著作物の出所を明示しなければならない。

第 2 章

書誌要素と表記法

書誌要素とは

　参照文献の著者名や書名などの一つひとつを、書誌要素という。すなわち、参照文献の出典とは、書誌要素の集まりであるといえる。

　参照文献の種類によって、必要とされる書誌要素が異なる場合がある。たとえば図書ならば、著者名と書名は必要な書誌要素だが、雑誌の中の一記事ならば、著者名はあるが、書名はない。代わりに論文名や雑誌名、巻号などが必要となる。

書誌要素の4つのグループ

　このように資料の種類によって異なる書誌要素を集めて眺めると、大きく4つのグループに分けることができる。グループに分けることにより、それぞれの書誌要素がわかりやすくなる。

(1) 著者に関する書誌要素のグループ

　著者に関する書誌要素は、「誰が」に該当する書誌要素のグループである。

　著者とは、個人著者、団体著者をはじめとして、著作にかかわった編者、翻訳者、サイトの作成者、発信者、作曲者、作詞者などが含まれる。参照文献では、この著者に関するグループが最も重要で、通常一番初めに書かれる。

(2) 標題に関する書誌要素のグループ

　標題に関する書誌要素は、どんなタイトルでどのような内容かを示す書誌要素である。

　書名、論文名、記事名、雑誌名、会議資料名、会議開催地、開催期間、

主催機関名、ウェブサイトの名称、ウェブページのタイトル、楽曲名、映画のタイトルなどがある。

(3) 出版に関する書誌要素のグループ

　出版に関する書誌要素はいつ、どこから刊行されたか、また掲載されたページなどの位置を特定する書誌要素である。

　出版者や出版年、雑誌の巻号、レポート番号や規格の番号など、さらに掲載されているページ、あるいは記事の番号など、文献のタイトルページに行き着くまでのさまざまな書誌要素が含まれる。電子的媒体ならば、DOI(Digital Object Identifier)[1]も含まれる。

(4) 注記的な書誌要素のグループ

　最後のグループは、上記の3つのグループ以外で、文献の内容を知り、入手をするために必要な注記的な内容の書誌要素である。

　たとえば、URLやウェブページを参照した年月日、DVDなどの媒体表示、何という言語で書かれているかを示す言語表示、投稿中であることの表示などである。

書誌要素を書く順序

　本書では、原則的に、上記の4つの書誌要素のグループの順番で書誌要素を書く。

　さらに、同じグループ内での書誌要素を書く順序は、書誌要素の重要度や国際的な慣習、識別のしやすさなどを考慮して定めている。すでにある分野の記述の順序に慣れている人は、違和感があるかもしれないが、同グループ内で多少順序が前後しても、必要十分な書誌要素が正確に書かれ、その書誌要素が識別できれば問題はない。

本書では、原則として、それぞれの書誌要素のグループの区切りには「.」(ピリオド)の記号を用い、同じグループ内で複数の書誌要素がある場合には、各書誌要素間を「,」(コンマ)で区切るようにしている。

書誌レベル

参照文献を書くにあたって、書誌レベルを頭に置いておくとよい。たとえば、同じ図書という資料を参照するにしても、図書1冊全部を参照した場合と、図書の中のある章だけを参照する場合がある。図書の中のある章を参照した場合は、図書全体の参照ではないことをわかるように書かないと、読者は混乱してしまう。このとき、図書1冊全部と図書の1章は、書誌レベルが異なるといい、区別して取り扱う。

このように参照文献では、資料の種類とは別に、図書1冊、雑誌1号、レポート1冊、事典1冊、Webサイト[2]全部などの書誌的に包括的な上位のレベルと、図書の中の1章や、雑誌の中の1記事、レポートの中の1論文、事典の1項目、Webページなどの下位のレベルに分けて考える。これを書誌レベルという。

実際には、参照しようとしている対象文献がどちらのレベルであるかを判断し、下位の書誌レベル(図書の1章や雑誌の1記事)の書誌要素を先に書き、そのあとで、図書や雑誌全体といった上位の書誌レベルの書誌要素を書く。

そして、それぞれの書誌レベルの中は、原則として4つの書誌要素グループの順番に書けばよい。

言葉で説明すると難しくなるが、第4章の具体例を見れば理解するのは容易である。

書誌要素を見つける箇所

　参照文献は、原則として孫引き[3]をしないで、入手した原文献そのものから書誌要素を求める。

　時として、原文献に出版年が記載されていなかったり、複数の書名があって迷ったりする場合がある。このような場合には、他の二次資料（たとえば国立国会図書館の蔵書目録：NDL-OPAC）や他の情報源を利用して確認する。図書館では、欠けている書誌要素をできるだけ補っている。また、図書館員が正確な書誌要素を判断しているので参考になる。

　主な資料別の書誌要素を見つける箇所は次のとおりである。具体的な書誌要素を見つける箇所と、その書き方については、第5章を参考にしてほしい。

(1) 図書の場合

　和図書の場合は、図書の最後のページにある奥付から求める。本書の裏表紙の前、最終ページの後にあるのが奥付である。奥付には、必要な書誌要素の大部分が記載されている。そのほか、表紙や本文の前にある標題紙も参考にする。

　洋図書の場合は、標題紙やその裏に、必要とする書誌要素が記載されている。また、標題紙の裏には、米国議会図書館の目録データ (Library of Congress Cataloging-in-Publication Data) や英国図書館の目録データ (British Library Cataloguing-in-Publication Data) が印刷されている場合がある。ここに、主な書誌要素が含まれているので参考にするとよい。

(2) 雑誌の場合

　和雑誌の場合は、表紙や裏表紙、また編集後記が書かれている図書の奥付にあたる箇所から、誌名、巻数、号数、出版年月日等を求める。

　洋雑誌の場合には、表紙や、表紙の裏や目次のページに、誌名、巻数、号数、出版年月日等が書かれている。この表紙の裏や目次ページの書誌要素が書かれた部分をマストヘッドと呼ぶ。これを参考にする。

(3) 資料の一部分

　図書の中の1章や雑誌記事などの著者名や論文名、ページは、その章や記事の掲載ページから求める。学術的な雑誌記事の場合は、掲載ページの「柱」に巻号や発行年月日が記載されている場合もある。柱とは、ページの上下の余白部分で、雑誌名や巻号、発行年、ページなどの書誌要素が印刷されている部分をいう。

言語と文字

　書誌要素は、原文献に用いられている言語で、書かれている文字のとおりに書くことを原則とする。

　ただし、和文文献を欧文文献で参照する場合には、日本語をローマ字に変換して書く。原文献にローマ字で書かれた著者名や論文名、誌名、書名などがある場合には、それを用いる。ない場合には、日本語の読みをローマ字に変換する。

　たとえば雑誌名「情報管理」にローマ字誌名「Journal of Information Processing and Management」があればそれを使うが、ない場合には「Johokanri」と読みをローマ字で書き、勝手に「Information Management」のように訳してはならない。勝手に訳すと、別の雑誌名と混同されることがある。

反対に外国語の文献を、和文や欧文文献で参照する場合は、ローマ字アルファベット（フランス語やドイツ語など）はそのまま転記するが、ロシア語、韓国語など非ローマ字アルファベットは、国際規格（133ページ参照）にしたがってローマ字に翻字する。

　大文字の使い方は、原文の言語の慣習に従うことを原則とする。たとえば、ドイツ語では名詞の初字は必ず大文字になるので、その方式に従って書く。

　ただし、書名、雑誌名、レポート名、会議資料名、シリーズ名などは、冠詞、接続詞、前置詞を除いて各語の初字を大文字で書く。その場合、一番初めの語（初語）の最初の文字だけは、冠詞、接続詞、前置詞であっても必ず大文字とする。

　たとえば、書名では「The Study on Information Management」のように、初語(The)の初字(T)は大文字、前置詞(on)は小文字で、これを除いて各語の初字は大文字とする。しかし、雑誌記事のタイトルでは原文の言語の慣習に従うので、「The study on information management」のように最初の文字のみ大文字になる。このように、大文字の使い方でも書誌レベルの区別がつくようになっている。

略記

　略記を用いる場合は、公刊された基準や規格に準拠する（134ページ参照）。

　「et al.」(et alia ラテン語で and others の意味)や「ed.」(editor)など、よく利用される以下のような主な略語は、覚えておくと便利である。

　　ed.　　　　edition（版次）
　　ed.　　　　editor（編集者）

eds.	editors	（編集者）
et al.	et alia	（ほか）
n.d.	no date	（出版年不明）
no.	number	（号）
n.p.	no pagination	（頁記載なし）
n.p.	no publisher	（出版者不明）
rev.ed.	revised edition	（改訂版）
ser.	series	（シリーズ）
tr.	translator	（翻訳者）
trans.	translator	（翻訳者）
vol.	volume	（巻）
vols.	volumes	（巻）

なお、かつては繰り返し同じ文献を参照する場合に、「ibid.」や「loc. cit.」などの略語を利用し、紙面の節約をしていたが、最近の電子媒体では、ページの増加を心配する必要はなくなってきた。また、電子ジャーナルでは、参照文献リストを自動的に識別し、リンクを張って原文献を直接表示できるようになってきている。そのため、これらの略語を用いると、逆に個々の書誌要素を識別できなくなるので、現在は同じ文献でも、略語を使わないで、繰り返して書くことが望ましい。

書体

書名をゴシック体にしたり、雑誌名をイタリック体にしたりすることは、冊子体では識別をよくするために行われてきた。しかし、電子媒体による送信や頒布では、特殊なフォントを用いると文字化けをしたりすることがあるので、本書では、書体による区別をしないで、記

号法などで書誌要素を特定できるようになっている。著者にとって、書体を変える手間も煩雑であるので、識別ができるならば同じ書体のほうが簡便であると筆者は考えている。

句読点法とその原則

　句読点法とは、書誌要素の間や、複数の書誌要素の間の区切り記号などの用法をいう。

　書誌要素をただ並べただけでは、その書誌要素が何を意味するかが理解しにくい。そこで、句読点記号を定め、その意味を規定すれば、句読点の前後の書誌要素の種類を理解することができる。したがって、句読点法では、ひとつの記号に多くの意味を持たせないほうがよい。また、自分の論文内や同一の雑誌内では、統一した句読点法を用いる必要がある。

　本書では、表2-1のような句読点法を用いている。

　大原則は、先に述べたように、4つの書誌要素のグループの終わりは、「.」(ピリオド)を打つ、同じグループの書誌要素の間は「,」(コンマ)で区切るということである。

　ただし、省略語のピリオドと、書誌要素のグループの終わりのピリオドは重ねない。たとえば、書誌要素のグループの最後だからといって、「15p..」「et al..」とするのではなく「15p.」「et al.」でよい。

表2-1　句読点記号とその用法

名　称	記号	用　法
ピリオド	.	各書誌要素のグループの終わりに用いる。論文名及び編者名等の後にも用いる。
コンマ	,	書誌要素内及び書誌要素間の区切りに用いる。
セミコロン	;	欧文やカタカナの複数著者名の区切りに用いる。
コロン	:	論文名と副標題，書名と副書名及び特集標題と論文名の間の区切りに用いる。
引用符	" "	レポートや論文集の1論文，図書の1章のように，標題の区別が付きにくい場合に，1論文や1章の標題をくくるために用いる。
丸括弧	( )	雑誌の号数，シリーズ名，言語表示，媒体表示，入手日付，付記事項(同一機関名，同一誌名を区別するための地名等の付記等)に用いる。
角括弧	[ ]	出版年不明等，不明な書誌要素を記述する場合に用いる。
ハイフン	-	年月日の間の区切り，始めのページと終わりのページの間に用いる。
スラッシュ	/	会議開催期間の初日と最終日の間の区切りに用いる。

注：
1) DOIとは、Digital Object Identifier（デジタルオブジェクト識別子）の略で、デジタル媒体の文書、画像などすべての情報を統一的に同定する識別子である。特に学術雑誌の論文の標題紙でよく見かける。たいてい最初に「doi」という語が書かれているのでそれとわかる。
2) Webページとはインターネット上の個々のページのことをさし、Webサイトとは、Webページの集まりをいう。言い換えれば、Webサイトは図書1冊、Webページは図書の1ページや章に相当する。
3) 孫引きとは、自分が直接原本から引用するのではなく、ある著者が引用した文章をそのまま原本にあたらずに引用することをさす。引用した著者が転記ミスをしていたり、誤って解釈している場合もあり、孫引きはしてはならない引用方法とされている。

第3章

主な書誌要素の解説

ここでは、4つの書誌要素のグループ毎に、主な書誌要素の書き方について解説する。特定の資料に限定される書誌要素（たとえば学位論文の学位授与年、新聞の朝夕刊など）は、第4章の各資料別の具体例を参照してほしい。

著者に関する書誌要素

(1) 個人著者名

著者名とは、参照した文章、データ、図表、写真、サイトなどの著作物の著作者名をさす。その著者名が個人の場合が個人著者名である。

個人著者名は、どこの国の人であっても必ず姓名の順に書く。

①和文著者名

和文著者名で、複数著者の場合には、コンマで区切る。

　　　例：手塚治虫, 赤塚不二夫, 石ノ森章太郎

ただし、先頭の著者名だけを書き、そのほかの著者名を「ほか」と書いて省略することもできる。

　　　例：手塚治虫ほか

翻訳書の原著者名は、カタカナで「スティーヴン・キング」のように書かれている場合が多い。カタカナで書く場合には、姓名の順に統一するために「キング, スティーヴン」のように姓を前に転置して、姓の後ろにコンマを打つ。原文献に、ミドルネームやファーストネームがきちんと書かれているならば、「キング, S.」「ケネディ, J. F.」のような省略はさける。なぜならば、「キング, シャーウッド」「ケネディ, ジョー F.」など、同じ省略形となる人物と区別がつかないからである。

　　　例：キング, スティーヴン

　　　例：ケネディ, ジョン F.

さらに、原綴りが原本に記載されている場合には、次項の欧文著者名と同じ扱いで、原綴りで書くことを筆者は勧める。なぜならば、たとえば「David Alderton」は、「デイビッド・オルダトン」「デーヴィッド・アルダートン」などのように日本語読みが複数存在することがあるからで、原綴りで書けば同一著者名を特定できる。

複数の原著者名がいる場合には、和文著者名と同じコンマだと、転置のコンマと混同するので、「;」(セミコロン)を用いる。省略は「ほか」を用いる。

  例：ピット, ブラッド ; クルーニー, ジョージ

  例：ピット, ブラッドほか

②欧文著者名

欧文著者名は通常「John F. Kennedy」のように名姓の順で書かれているので、「Kennedy, John F.」と姓名の順に転置し、姓の後ろにコンマを打つ。

「John F. Kennedy」と書かれている場合は、「Kennedy, J. F.」と略さないでフルネームで書く。

名前の前後の肩書や学位 (Saint、PhD) などは省略するが、Jr. や II などの接尾辞は、名前の最後にコンマで区切って記す。

  例：Michelle, Tom R., Jr.

   (原文献には Tom R. Michelle, Jr. と記載されている)

  例：Rockefeller, John D., IV.

   (原文献には John D. Rockefeller IV と記載されている)

2名以上の場合には、和文著者名と同じコンマだと、転置のコンマと混同するので、「;」(セミコロン)を用いる。

  例：Pitt, Brad; Clooney, George

欧文著者名も複数いる場合には先頭の著者名だけを書き、そのほか

の著者名を「et al.」と書いて省略することができる。

  例：Pitt, Brad et al.

(2) 団体著者名

 著者名が団体あるいは機関などの場合を、団体著者名という。

 団体著者名は、その団体の識別ができるように、上位団体名から下位の組織名へと記述する。下位の組織名だけで識別が可能な場合は、上位団体名を省略してよい。

  例：国立天文台（文部科学省国立天文台と書かなくても識別できる）

  例：文部科学省調査局調査課（調査局調査課だけでは識別できない）

  例：University of California, Library

 団体名についている「株式会社」「財団法人」や「and Co.」「Ltd.」などの法人の種類は省略する。

 ただし、日本の団体著者名は、「日工会」のように略すと、正式名称に復元できなくなる恐れがあるので、広く流通している場合を除いて略記してはならない。欧文団体名は、よく使用され特定性がある場合、および国際的な略記法（134ページ参照）に基づいているならば略記できる。

  例：日本工作機械工業会（社団法人を省略。日工会のように略記してはならない）

  例：WHO（一般的によく知られている頭文字は使用してよい）

  例：Univ. California（University of Californiaの略記）

 複数団体著者名がある場合は、個人著者名と同じくコンマやセミコロンで区切る。

第3章　主な書誌要素の解説

(3) 編者名、翻訳者名など
①編者名
　編集者は著者とみなし、(1) 個人著者名 (2) 団体著者名に準じて書く。ただし、編者名のあとに、役割表示「編」「ed.（複数形は eds.）」を付ける。
　なお、「編著」と書かれている場合は、「編著」を付けて書く。
　　　　例：阿刀田高編
　　　　例：Van Dyke, M. et al., eds.（M. van Dyke を姓名の順に転置し、2 名以降の編者名を省略して、役割表示の複数形 eds. を付与している）
　図書1冊を参照する場合で、著者と編者が両方いる場合には、著者を先に編者を後に書く。
　　　　例：中嶋正夫ほか. 図書館科学会編

②翻訳者名
　翻訳者は、原著者ではないので、書名のあとに役割表示「訳」「trans.」「tr.」を付けて書く。
　　　　例：ヘッセ, ヘルマン. デミアン. 高橋健二訳
　　　　例：Hesse, Hermann. Demian. Appelbaum, Stanley, tr.

③監修者名
　監修者は、一般的に内容を監修し、チェックした者を指す。著者ではないので書かなくてもよいが、書く場合には、役割表示「監修」を付ける。
　　　　例：文化庁監修

④図書の1章の著者と編者名

図書の中の1章や1項目の著者と、図書全体の編者がいる場合は、編者名を書名のあとに役割表示をつけて書く。

　　　　例：高木靖文. " 学習環境の伝統知 ". 授業の知. 梶田正巳編
　　　　例：Fisher, Mike. "Developing an information model for information-and knowledge-based organizations". Information Architecture. Gilcharist, Alan; Mahon, Barry, eds.

（4）著者が不明な場合
　著者が不明な場合は、標題に関する書誌要素から書き始める。「著者不明」などと書く必要はない。
　　　　例：平家物語

標題に関する書誌要素

　標題は、原則として資料に記載されているとおりに書く。
（1）書名（ウェブサイトの名称なども含む）
　書名は、資料に記載されているとおりに書く。書名の前に、小さい活字で書かれた、書名を修飾する部分は、それから書名としてよい。
　　　　例：図解でできる企画とプレゼンの方法（「図解でできる」が小さい活字）
　副書名は、書名の後に「:」（コロン）をつけて続ける。
　　　　例：分子生物学の基礎: 生体高分子の構造と機能
　　　　例：The Ethics of Geometry : A Genealogy of Modernity
　巻次は書名のあとにコンマで区切って書く。
　　　　例：世界大百科事典, 第3巻
　　　　例：世界思想史, 上

例：The Encyclopedia Britannica, vol.3
なお、原書名がわかる場合は、注記的な書誌要素として、出版の書誌要素のあとに版次や出版年とともに書いてもよい。
例：原書名 The Long Goodbye, 1953

(2) 記事タイトル（Web ページの題名などを含む）
記事や論文のタイトルは原文献に記載されているとおりに書き、副題は「:」（コロン）のあとに続ける。
例：肖像古写真が語る世界: 資料から復元される歴史
例：Open access in context: A user study
特集標題がある場合は、特集標題と論文名をコロンで区切る。
例：特集, 理想の書評: 理想的な書評に追求してほしいもの
例：Special issue, Collaborative learning and AI: Creative thinking support
なお、欧文論文で和文論文を参照する場合には、欧文論文名が併記してある場合はそれを用いる。併記していない場合は自分で欧文に翻訳し、原文が日本語であることを表示する。

(3) 雑誌名
和文雑誌名は、雑誌に記載のとおりに完全誌名で書いて、略記をしてはならない。
例：同志社法学（「同法」などと略記してはならない）
雑誌が部や編などに分かれている場合には、共通誌名に続けて、部や編の誌名を書く。
例：横浜国立大学教育人間科学部紀要, II 人文科学
日本機械学会論文集, C 編
例：Transportation Research, Part A, Policy and Practice

欧文雑誌名は、雑誌に記載のとおりに完全誌名で書くが、国際規格（134ページ参照）に従って略記してもよい。
　　　例：Journal of Industrial and Engineering Chemistry
　　　例：J. Ind. Eng. Chem.
欧文論文で和文誌名を参照する場合には、欧文誌名が併記されていれば、それを用いる。欧文誌名が併記されていない場合は、読みをローマ字に直して書き、自分で勝手に訳して誌名をつけてはいけない。
　　　例：和文誌名　日本の科学者
　　　　　欧文誌名　Journal of Japanese Scientists
なお、執筆する同じ雑誌に掲載されている論文を参照する場合でも、「本誌」や「this journal」などの語や特殊な省略雑誌名を使わない。

(4) 会議資料名、会議開催地、開催期間、主催機関名
　会議資料名には、会議名、会議予稿集名、会議終了後編纂される会議報告書名などを含む。
　会議資料名は、資料に記載されているとおりに書く。
　会議資料は、会議名と予稿集名、会議報告書名などのそれぞれが少しずつ異なっている場合がある。その場合は、主催機関名を含むものを優先する。
　　　例：社会言語科学会第20回大会発表論文集（社会言語科学
　　　　　会が主催機関名）
　会議開催地や開催期間及び主催機関名が、会議資料名に含まれている場合は、再度書かなくてもよい。
　　　例：日本写真学会2007年度秋季研究報告会講演要旨集. 京都,
　　　　　2007-12-05.（日本写真学会が主催機関名で、会議資料名
　　　　　に含まれているので、開催期間のあとに記すべき主催機
　　　　　関名は省略している）

第 3 章　主な書誌要素の解説

会議開催期間は、開催年月日をハイフンでつなぎ、初日と終了日の間をスラッシュで区切る。
　　例：2008-11-20/22（2008 年 11 月 20 日から 22 日まで開催）

出版に関する書誌要素

（1）版表示

版表示は、出版物に記載されているとおりに書く。ただし、数字はアラビア数字で統一をする。欧文は版次を表す略語を用いる。

初版は、書かなくてよい。
　　　例：第 2 版（第二版と漢数字で書かない）
　　　　　新版　増補版　改訂版　2001 年版
　　　例：2nd ed.　3rd ed.　2007 ed.　3. Aufl.　Ver.1.0

（2）出版地

出版地とは、出版者の所在する都市名をさす。国名は書かなくてよい。

出版地は出版物に記載されている通りに書くが、必須の書誌要素ではないので、東京以外の地方出版社や、海外の出版社で出版地がわかりにくい場合にのみ書けばよい。

複数の出版地が記載されている場合には、最初に書かれている都市名のみでよい。
　　　例：山形
　　　例：New Delhi

（3）出版者

出版者とは、出版した会社や出版した人をいう。

多くは団体名で、著者に関する書誌要素の団体著者名に準じて書く。

したがって「株式会社」「Inc.」「Publisher」などは省略する。
　　　　例：岩波書店
　　　　例：Academic Press
　出版者が団体著者名と同じであったり、書名の中に含まれている場合は、省略できる。
　　　　例：東京放送編. TBS50年史. 2002, 2冊.（出版者の東京放送を省略）
　出版者が不明の場合は、[出版者不明] [n.p.]（no publisher の略語）とする。

(4) 出版年（公開年月日、更新年月日などを含む）
　出版年は、その情報がいつの時点のものかを知る重要な書誌要素である。
　出版年あるいは公開年月日、更新年月日など、資料により表現のしかたは異なるが、いずれもその資料のその版が作成され公開された年あるいは年月日をさす。したがって、印刷媒体の奥付に、第2刷、第3刷など刷数ごとに年が記述されている場合には、最新の版の第1刷を出版年とする。出版年あるいは年月日は、すべて西暦にし、アラビア数字で、和文欧文ともに統一する。
　　　　例：2008（平成20年とは書かない）
　　　　例：2008-01-09
　2冊以上のセットになった図書で各冊の出版年が異なる場合には、最初と最後の年をハイフンで結ぶ。
　　　　例：2005-2008
　　　　例：2008-（継続中の場合）
　出版年が不明の場合は、[出版年不明] [n.d.]（no date の略語）と書く。出版年は重要な書誌要素なので、推定できる場合は、[1990？]のよ

うに書くとよい。

(5) 雑誌の巻号

　雑誌の巻数、号数は、さまざまな表示があるが、原則として資料に記載されている通りに書く。ただし、数字はすべて西暦及びアラビア数字で統一する。

　　　例：2008-01-20（雑誌には「2008年1月20日号」と記載されている）

　　　例：2008春号（雑誌には「平成二十年春号」と記載されている）

　巻号の書き方は「vol.3, no.10」のように書いてもよいが、和文との整合性と簡略性から「3(10)」（巻(号)）の書き方を勧める。臨時増刊号などはそのまま書けばよい。

　　　例：3(10)臨時増刊（3巻10号臨時増刊号）

　通巻号と巻号が両方記載されている場合には、巻号を優先する。

　　　例：43(10)（43巻10号、通巻526号と両方記載されているが巻号だけでよい）

　号数だけの場合は、その号数だけを丸括弧に囲んで書く。

　　　例：(526)（通巻526号とだけ記載されている）

(6) ページ

　ページは、アラビア数字で統一する。

①総ページ

　図書全体を参照した場合は、総ページを数字の後にp.を付けて書く。総ページとは、資料の最後に印刷されたページの数をいう。

　　　例：358p.（総ページが358ページの意味、p.358と書くと358ページのみをさす）

②参照した単一ページあるいは複数ページ

引用・参考文献の書き方

　参照したページを示す場合には、数字の前に p. を付けて、はじめのページと終わりのページをハイフンでつなぐ。
　　　　例：p.10（10 ページのみ、10p. とすると総ページの意味となる）
　　　　例：p.10-12（10 ページから 12 ページ）
　ページが飛ぶ場合は、コンマで区切る。
　　　　例：p.10-12, 14, 16-20
　雑誌で、通巻ページ（一つの巻を通して付けられているページ）と各号ごとのページが併記されている場合は、通巻ページを優先する。そのほうが、図書館で巻ごとに製本されたバックナンバーを探す場合に見つけやすい。
　　　　例：p.541-549（各号ページ p.3-11 でなく通巻ページを記す）
　図書で、章ごとにページがついている場合には、章番号をページの前に書く。特定の番号が用いられている場合はそのまま記述する。
　　　　例：p.10.15-10.18（10 章の 15 ページから 10 章の 18 ページ）
　　　　例：e215（特定の番号）

③複数の資料
　2 冊以上のセットになった資料は、総ページの代わりに冊数や巻数を示す。
　　　　例：15 冊　15vols.

(7) シリーズ名
　シリーズ（叢書）とは、共通の総合タイトルのもとに、個別のタイトルの図書が刊行される形態をいう。その総合的なタイトルをシリーズ名（叢書名）と呼び、番号を持つこともある。具体的には岩波新書や新潮選書などがある。
　シリーズ名がある場合は、シリーズ名とその番号などを丸括弧に入

れて示す。

　　　例：(朝日選書, 31)

(8) レポート番号

　レポートには、通常レポート番号が記載されている。レポートにおいては、レポート番号が識別の重要な書誌要素となるので、記載されているレポート番号はすべて書く。複数ある場合には、コンマで区切る。

　　　例：開研 72-10, ARP07-K165

注記的な書誌要素

　注記的な書誌要素とは、上記3つの書誌要素に当てはまらないが、入手の可否を判断したり、入手に必要な情報を得るための重要な書誌要素が含まれる。

　特に、電子媒体の書誌要素は、媒体表示、入手方法、入手日付の3つが必要となる。いいかえれば、電子媒体の文献は、印刷媒体の文献の書誌要素に、この3つの書誌要素を追加すればよい。

(1) 媒体表示

　マイクロフィルムや **CD-ROM**、**DVD** などの電子媒体については、丸括弧に囲んで、媒体の種類を明らかにする。

　　　例：(マイクロフィルム)　(microfiche)　(DVD)
　　　　　(CD-ROM)　(オンライン)

(2) 入手方法

　一般の書店を通じて入手が不可能な資料や、頒布が限定された非売品など、入手が困難な資料については、入手先を明示することが望ましい。

例：入手先, 科学技術振興機構

例：available from Japan Science and Technology Agency

インターネットで入手できる場合は、入手先の URL を転記することが望ましい。

例：http://www.jst.go.jp/SIST/

(3) 入手日付

オンラインで入手した文献は、参照したあとに、内容が変更される可能性があるので、アクセスし参照した年月日を丸括弧に囲んで書いておく。

例：(参照 2008-03-15)　　(入手 2008-05-21)

例：(cited 2008-03-15)　　(accessed 2008-05-21)

(4) 言語表示

原文献の言語と異なる言語で書誌要素を記述する場合は、原文献の言語名を丸括弧に入れて付記する。日本語の場合は、(Japanese) あるいは (in Japanese) のように書く。

例：Mishima, Yukio. Kinkakuji. Shinchosha, 1956, 263p. (Japanese)

(5) 投稿中

雑誌に投稿した論文で、掲載が決定している場合は（雑誌の巻号、発行年が確定しているならばそれも含めて）次のように書く。掲載が決定していない場合は、参照文献とはしない。

例：分析化学. 2008. 掲載予定

例：to be published in Journal of Electronics. 2008, 24(1)

（6）原書名

　翻訳書で原書名やその版次、出版年がわかれば、最後に書いてもよい。邦題名が原書名とかけ離れていたり、版次により内容が変わっていたりすることがある。

　　　例：原書名 Information Architecture for the World Wide Web, 2nd ed.

第4章

参照文献の
　　具体的な書き方

引用・参考文献の書き方

本章の読み方

　本章では、主な資料の種類（図書、雑誌、レポート、新聞など）を対象として、よく利用される書誌レベル（図書1冊、図書の1章、雑誌の1記事など）の具体的な書き方128例を示す。

　各項目の最初には、基本となる印刷媒体の「基本形」を示している。この「基本形」は、それぞれの資料別書誌レベルにおいて、最低限必要な必須の書誌要素とその順番を示している。

　電子媒体の場合は、この「基本形」に原則的に、媒体表示、入手方法、入手日付の3つの書誌要素を付け加えると考えてよい。

　そのほか、必要な書誌事項があれば、この「基本形」にその他の書誌要素を付け加える。

　「基本形」の次には、資料の種類や書誌レベル毎に、和文と英文の具体例を示している。

　具体例には、連番号と「著者2名」「著者と個人の編者がいる場合」のように、その例の特徴を示す見出しをつけた。特定の書誌要素がはじめて出てきた場合には、「著者2名（出版地あり）」のように、見出しのうしろに丸括弧でくくって、その書誌要素を説明している。また、具体例のあとには、必要に応じて解説をつけた。

具体例の探し方（索引の使い方）

　128の具体例は42ページから52ページに示した索引を使って、探すことができる。

　索引は、探したい資料の種類（たとえば「絵本」「電子新聞」）や書誌レベル（たとえば「会議報告書の1論文」）から調べる索引と、特定の書誌要素（たとえば「巻号がない場合」）から調べる索引がある。

第4章　参照文献の具体的な書き方

「資料の種類と書誌レベルから調べる」索引は、資料の種類別に見出し語の50音順に並んでいる。「書誌要素から調べる」索引は、4つの書誌要素グループに分けて、その中は見出し語の50音順に並んでいる。英文で始まる見出し語は後置している。

数字は、該当する具体例の連番号を示し、英文例は数字にアンダーラインを引いている。

なお、「書誌要素から調べる」索引では、個人著者名や書名、出版年、ページなどのように具体例が多い書誌要素は、代表例のみを記載するにとどめた。

自分が書きたい参照文献に最も近い例を探して、真似をして書くことをお勧めする。

適切な具体例が見つからない場合

資料の種類は多様であり、資料に記載されている書誌要素もさまざまであるので、ぴったりと合う具体例がここに示されていないケースもあるに違いない。

その場合は、似た例を探し出し、それに準じて書いたり、複数の具体例を組み合わせてみる。たとえば、絵本の翻訳本ならば、絵本と翻訳書の書誌要素を組み合わせる。

また、大文字使用や句読点などのいくつかの点を除けば、参照文献の書き方は英文も和文も同じルールなので、英文例がない場合は、和文例を参考にして同様に書けばよい。なお、各書誌要素については、第3章で詳しく説明している。

第1章で説明したように、つまるところ、参照文献の役割は、読者がそれを手がかりに、文献を判断でき、必要ならば迅速かつ的確に入手できることにある。そのことを念頭におき、読み手の立場に立って、

自分が書いた参照文献から「誰が」「いつ」「何というタイトルで」「どんな媒体に発表したか」ひいてはどうすれば「入手できるか」を正確に読み取ることができるかを考えてみれば、おのずから書くべき書誌要素や書き方がみえてくるだろう。

ある書誌要素を書くべきかどうか迷ったら、原則として書くべきである。どう書いたらいいか、書き方に迷ったら、原文献に書いてあるままに書くという大原則に従って、そのとおりに書く。

書誌要素の種類がわからなかった場合には、最後の注記的な書誌要素の位置に文章で示す。たとえば、「背表紙には〇〇と記述あり」「〇〇から入手した」「available from…」などのように最後に書けばよい。図書館員であった筆者の経験では、資料を探す場合に、記述されているささいな書誌要素が重要な手がかりになる場合があった。

面倒がらずに、必要だと思われる書誌要素はなるべく書くようにしたい。

「資料の種類と書誌レベルから調べる」索引
（数字は具体例の連番号を示す。アンダーラインは英文例である。）

A. 図書

シリーズ　　　7, 11, 12, 16, <u>21</u>, <u>23</u>, <u>24</u>, 30-32, 37
図書1冊　　　1-20, <u>21-29</u>
　絵本　　　13
　監修者がいる図書　　12
　写真集　　14
　全集　　　16
　電子図書　　15
　文庫本　　1
　編纂書　　7-11, 16, <u>27</u>, <u>28</u>,
　翻訳書　　17-20, <u>29</u>

第４章　参照文献の具体的な書き方

　　　図書の中の１部分（編纂書以外）　　30-33, <u>34-36</u>
　　　編纂書の中の１部分　　37-41, <u>42</u>, <u>43</u>
　　　　作品集　　40, <u>43</u>
　　　　文庫本　　40
　　　　翻訳書　　41
　　　　論文集の１論文　　39
　　　翻訳書の１部分　　33, 41

B.　雑誌記事
　　　英文論文で和文論文を参照する場合　　<u>60</u>
　　　紀要　　51, 58
　　　講演録　　56
　　　雑誌記事　　44-59, <u>60-67</u>
　　　週刊誌　　52, <u>62</u>, <u>65</u>
　　　書評記事　　54
　　　増刊号の雑誌　　52
　　　対談記事　　55
　　　通巻号と巻号がある雑誌　　48
　　　電子ジャーナル　　58, 59, <u>66</u>, <u>67</u>
　　　特集全体　　50
　　　特集の１記事　　49, 52, <u>64</u>
　　　日刊誌　　53
　　　編や部に分かれている雑誌　　46, 51, <u>60</u>
　　　翻訳記事　　56, 57

C.　新聞記事
　　　新聞記事　　68, 69, <u>72</u>
　　　新聞記事データベースの１記事　　70
　　　電子新聞　　71

D.　参考図書の１部分
　　　辞書　　77, 78, <u>87</u>

43

引用・参考文献の書き方

  図鑑　　76
  事典　　73, 74, <u>85</u>, <u>86</u>
  電子辞書　　79
  電子地図　　84
  電子白書　　81
  電子百科事典　　75
  統計　　80-83, <u>88</u>
  年鑑（インターネット）　　83
  白書　　80

E. 政府刊行物
  公報　　53
  審議会報告書（インターネット）　　89
  政府のWebページ　　126
  電子白書の1項目　　81
  統計書の1項目　　82, <u>88</u>
  年鑑の1項目（インターネット）　　83
  白書の1項目　　80
  米国政府刊行物（インターネット）　　<u>90</u>

F. パンフレット
  パンフレット　　91-93, <u>94</u>

G. 規格
  規格　　95, <u>96</u>

H. レポート
  レポート1冊　　97-99
  レポート（オンライン）の1冊　　<u>100</u>, <u>101</u>
  レポートの1部分　　102, 103
  レポート（オンライン）の1部分　　<u>104</u>

第 4 章　参照文献の具体的な書き方

I. 会議資料

　　会議報告書 1 冊　　　105, <u>107</u>
　　会議報告書の 1 論文　　　108, <u>110</u>, <u>111</u>
　　会議要旨集 1 冊　　　106
　　会議予稿集の 1 論文　　　109
　　雑誌に掲載された会議資料　　　<u>111</u>

J. 博士論文

　　博士論文　　　112, <u>113</u>

K. 判例

　　判例　　　114
　　判例データベース　　　115

L. テレビ・ラジオ番組

　　テレビ番組　　　116, 117

M. 映像資料

　　映画　　　118, <u>119</u>
　　演劇　　　120
　　コンサートの映像資料　　　122

N. 音楽

　　音楽の録音資料　　　121, <u>123</u>
　　コンサートの映像資料　　　122

O. Web サイト、Web ページ

　　Web サイト　　　124, <u>127</u>
　　Web ページ　　　125, 126, <u>128</u>

45

引用・参考文献の書き方

「書誌要素から調べる」索引
（数字は具体例の連番号を示す。アンダーラインは英文例である。）

著者に関する書誌要素

演奏者名　<u>123</u>
画家名　13
楽団名　122
歌手名　121, 122
カタカナで表わされた外国人名　17, 19, 20, 33, 41
監修者名　12
監督者名　118, <u>119</u>
脚本家名　118
原作者名　118
原著者名　17-20, <u>29</u>, 33
個人著者名
　1名　1, 17, <u>21</u>, 33, <u>34</u>
　2名　3, <u>24</u>, 45, <u>62</u>
　3名以上　4, <u>25</u>, 46, <u>60</u>, <u>63</u>
個人編者名
　1名　7, <u>27</u>, 78, <u>87</u>
　2名以上　8, 16, <u>28</u>, <u>42</u>, 85, <u>107</u>
作詞者名　121
撮影者名　14
作曲者名　121, <u>123</u>
指揮者名　122
実演者名　118, <u>119</u>, 120-122, <u>123</u>
写真家名　14
出演者名　118, <u>119</u>, 120
団体著者名　→出版者、団体編者名をもみよ
　2団体　103
　官公庁　53, 89, <u>90</u>, 92, 126
　企業　5, 91, <u>94</u>, 125

　　　　　　　　　　　　　　　　　　第4章　参照文献の具体的な書き方

　　教育機関　　　93, <u>127</u>
　　公益法人　　　97, 124
　団体著者名の略記　　　<u>26</u>, <u>128</u>
　団体編者名　→出版者、団体著者名をもみよ
　　官公庁　　　80, 82, 83, 98, 99, 103
　　公益法人等　　　9, 11, 38, 39, 102
　著者と監修者がいる場合　　　12
　著者と個人編者がいる場合
　　1 部分の――　　　37, 40, <u>42</u>, <u>43</u>, 74, <u>85</u>
　　図書の――　　　10, 16
　著者と団体編者がいる場合
　　1 部分の――　　　38, 39, 102, 103
　　図書の――　　　11
　著者名　→個人著者名、団体著者名をみよ
　著者名なし　　　6, 41, 50, 52, 69, 71, 76, 78-84, <u>86-88</u>
　ハイフンがつく名前　　　20, <u>22</u>, <u>29</u>, 63
　文の著者　　　14
　編者と訳者がいる場合　　　41
　編者名　→個人編者名、団体編者名をみよ
　翻訳者名
　　1 名　　　17, 18, <u>29</u>, 33, 41
　　2 名　　　19, 20, 56
　翻訳者不明　　　57
　Jr. がつく名前　　　19, <u>23</u>
　Van がつく名前　　　64

標題に関する書誌要素

　　アルバムタイトル　　　121, <u>123</u>
　　映画名　　　118, <u>119</u>
　　演目　　　120
　　会議開催期間　　　105, 106, <u>107</u>, 108, 109, <u>110</u>, <u>111</u>

47

引用・参考文献の書き方

会議開催地　　106, <u>107</u>, 108, 109, <u>110</u>, <u>111</u>
　複数の――　105
会議主催機関名　　<u>107</u>, <u>110</u>, <u>111</u>
　複数の――　105, 109
会議主催機関名の省略　　106, 108
会議資料の論文名　　108, 109, <u>110</u>, <u>111</u>
会議資料名　　105, 106, <u>107</u>, 108, 109, <u>110</u>, <u>111</u>
楽曲タイトル　　121, <u>123</u>
巻次　　<u>42</u>, 73, <u>85-87</u>
規格タイトル　　95, <u>96</u>
原書名　　18, 19
原題名　　57
項目名　　73-83, <u>85-88</u>
コンサート名　　122
裁判所名　　114, 115
作品集の1タイトル　　40, <u>43</u>
雑誌記事タイトル　　44-59, <u>60-67</u>
雑誌名　　44-59, <u>60-67</u>, <u>111</u>
　編・部のある――　46, 51, <u>60</u>, <u>61</u>
事件名　　115
上演年　　120, 122
章タイトル　　32, <u>36</u>, 37, 38, 41, <u>42</u>
書評記事タイトル　　54
書名　　1, 4, 12, <u>21</u>, <u>23</u>, 37, <u>42</u>
書名（参考図書）　　73-84, <u>85-88</u>
新聞記事タイトル　　68-71, <u>72</u>
新聞紙名　　68-71, <u>72</u>
製作年　　118, <u>119</u>, 121, 122, <u>123</u>
叢書名　　→シリーズ名をみよ
対談記事タイトル　　55
単行書名　　→書名をみよ
地図タイトル　　84
特集タイトル　　49, 50, 52, <u>64</u>

年次　　　77, 80-83, 88
博士論文名　　　112, 113
番組シリーズ名　　　116, 117
番組タイトル　　　116, 117
判決年月日　　　114, 115
パンフレットのタイトル　　　91-93, 94
判例集名　　　114
副タイトル
　会議資料　　　105, 107, 108
　雑誌記事　　　47, 51, 58, 65, 66
　新聞記事　　　68, 72
　図書　　　1, 4, 23, 29
　レポート　　　104
　論文集　　　39
レポート名　　　89, 90, 97-99, 100, 101, 102, 103, 104
論文名
　会議資料　　　108, 109, 110, 111
　論文集　　　39
　レポート　　　102, 103, 104
CDタイトル　　　121, 123
DVDタイトル　　　118, 119, 120
Webサイトの名称　　　124-126, 127, 128
Webページタイトル　　　125, 126, 128

出版に関する書誌要素

　映画会社名　　　118, 119
　学位授与年　　　112, 113
　学位請求論文の種類　　　112, 113
　巻号　　　44-46, 60-64
　　号のみ　　　47, 50, 51, 53
　　通巻号と巻号がある場合　　　48
　　増刊号　　　52

巻号なし　65
巻数　16
規格制定年　95, 96
規格番号　95, 96
更新日付　124-126, 127, 128
号のみ　47, 50, 51, 53
冊数　6
出版者　→団体著者名、団体編者名もみよ
　2社　87
　官公庁　80, 83, 88, 89, 90, 98, 99
　企業　1-5, 21, 23-26
　研究教育機関　22, 28, 29, 43, 101
　公益法人　9, 100
　国際機関　27
出版者の省略　91-93, 94
出版者の略記　28, 29, 43, 87, 88, 90
出版者不明　105, 110
出版地　3, 12, 13, 26
出版年　1, 2, 21, 44, 61, 97, 100, 105, 107
　週刊誌　52, 62, 65
　日刊誌　53
　複数にまたがる――　16
出版年月日（新聞）　68-71, 72
出版年不明　83, 93
シリーズ名　5, 12, 21, 37, 103, 107, 120, 122
　選書名　7
　講座名　11
　文庫名　1, 40
シリーズ番号　11, 37, 107
増刊号　52
大学名　112, 113
朝夕刊　68-70
通巻号と巻号がある場合　48

第 4 章　参照文献の具体的な書き方

版表示（初版を除く）　2, <u>21</u>, <u>23-25</u>, <u>34</u>, 76, 79
　　改訂版　　8, 73
　　修復版　　<u>119</u>
　　初版　　1, <u>22</u>
　　新装版　　14
　　全国版　　<u>72</u>
　　増補版　　9
　　年次　　77, 80-83
　　補訂版　　4
複数の冊子　　6, 16
ページ
　　各号ページと通巻ページがある場合　　46
　　章別ページ　　99
　　総ページ　　1, <u>21</u>
　　単一ページ　　30, <u>34</u>, 114
　　通巻ページ　　46
　　飛びページ　　47, <u>72</u>
　　複数ページ　　31, <u>35</u>
　　論文別ページ　　103
ページなし　　13, 92, 93
ページなし（電子媒体）　　75, 79, 83, 84, 125, <u>127</u>, <u>128</u>
放送会社名　　116, 117
放送年月日　　116, 117
枚数　　84
レコード会社名　　121-122, <u>123</u>
レポート番号　　97, <u>100</u>, <u>101</u>, 102, <u>104</u>
　　複数の――　　98
レポート番号なし　　99, 103
論文番号　　<u>111</u>
DOI　　59, <u>61-63</u>, <u>66</u>, <u>67</u>
ISBN　　8, <u>24</u>

51

引用・参考文献の書き方

注記的な書誌要素

    言語表示   <u>60</u>
    原書名   18, 19
    原題名   57
    注記   82, 83
    データベース名   70, 115
    入手先のWebサイト名   15, 71
    入手日付   15, 58, <u>66</u>, <u>128</u>
    媒体表示
        テレビ番組   116, 117
        電子辞書   79
        パンフレット   91-93, <u>94</u>
        マイクロフィルム   6
        CD   121, <u>123</u>
        CD-ROM   84
        DVD   118, <u>119</u>, 120
        LD   122
    URL   15, 58, <u>66</u>, <u>128</u>

第 4 章　参照文献の具体的な書き方

A．図書
（1）図書 1 冊

基本形

著者名.書名：副書名.版表示*,出版者,出版年,総ページ数,
（シリーズ名,シリーズ番号）.

* 初版は記入しなくてよい

a. 和書
1. **著者 1 名**（副書名あり,初版,シリーズ名あり）

立花隆.ぼくはこんな本を読んできた：立花式読書論,読書術,書斎論.文芸春秋,1999,375p.,（文春文庫）.

> 解説：著者名は、スペースをあけずに書く。副書名は「：」で区切って続ける。この例は初版のため、版表示は省略する。「株式会社文芸春秋」の株式会社も省略してよい。出版年は西暦に直して、初版の第 1 刷の年を記す。総ページは印刷されている最後のページ数を書く。新書名や文庫名、シリーズ名がある場合には、丸括弧に囲む。原則として、各書誌要素のグループの終わりはピリオドを打ち、同じ書誌要素グループの中はコンマで区切る。たとえば、著者に関する書誌要素のグループ「立花隆」の終わりはピリオドを打ち、出版に関する書誌要素のグループの中は、「文芸春秋, 1999, …」とコンマで区切り、最後にピリオドを打つ。

2. **著者 1 名**（版次あり）

小峰隆夫.最新日本経済入門.第 3 版,日本評論社,2008,338p.

> 解説：第 2 版以降は「第 2 版」「改訂新版」「増補版」「机上版」など図書に記載されているとおりに書く。版次の数字は、アラビア数字を用いる。その版次の初刷の出版年を書く。

3. **著者 2 名**（出版地あり）

日野東,葛西英明.東北の巨樹・巨木.秋田,無明舎出版,2007,159p.

53

解説：著者が2名の場合は、「, 」で区切って羅列する。出版地は必須ではないが、所在が東京以外なので、その都市名を書いている。

4. 著者3名以上

山本信人, 高堅健, 金子芳樹, 中野亜里, 板谷大世. 東南アジア政治学：地域・国家・社会・ヒトの重層的ダイナミズム. 補訂版, 成文堂, 1999, 267p.

＜省略形＞山本信人ほか. 東南アジア政治学：地域・国家・社会・ヒトの重層的ダイナミズム. 補訂版, 成文堂, 1999, 267p.

解説：著者が2名以上の場合は、全員を記述することが望ましいが、＜省略形＞のように、筆頭著者名のみで「ほか」と書いて省略してもよい。

5. 団体著者

日本能率協会コンサルティング. 生産管理. 日本能率協会マネジメントセンター, 2007, 269p., (図解ビジネス実務辞典).

解説：団体著者名は、「株式会社」「財団法人」などの呼称を省く。

6. 著者不明（複数冊、マイクロフィルム）

伊勢物語. 1608, 2冊. (マイクロフィルム).

解説：著者が不明な図書は、書名から書く。複数冊数の全部を参照する場合には総ページのかわりに冊数を書く。マイクロフィルム、CD-ROMなど印刷媒体以外の媒体の場合は、出版事項の後に注記的な書誌要素として、丸括弧に囲って媒体を示す。

7. 編者のみ

梶田正巳編. 授業の知：学校と大学の教育革新. 有斐閣, 2004, 254p., (有斐閣選書).

解説：編者名は、役割表示「編」を付して、著者に関する書誌事項の位置に書く。

第 4 章　参照文献の具体的な書き方

8. **編者 2 名（ISBN）**

    林典夫, 廣野治子編. シンプル生化学. 改訂第 5 版, 南江堂, 2007, 392p., ISBN978-4-524-24228-3.

    > 解説：編者が 2 名の場合は、コンマで区切って書く。2 名以上の場合は、4 のように省略してもよい。この例では、ISBN を出版に関する書誌要素の最後に書いている。

9. **団体の編者**

    全国調理師養成施設協会編. 食品標準成分表. 5 訂増補版, 全国調理師養成施設協会, 2008, 307p.

    > 解説：団体編者名は、「株式会社」「財団法人」などの呼称を省いて、「編」をつける。また、編者と出版者が同じ場合は出版者を省略してもよい。

10. **著者と個人の編者がいる場合**

    古崎晃司, 來村德信, 笹島宗彦, 溝口理一郎. 溝口理一郎編. オントロジー構築入門. オーム社, 2006, 195p.

    ＜省略形＞古崎晃司ほか. 溝口理一郎編. オントロジー構築入門. オーム社, 2006, 195p.

    > 解説：著者と編者がいる場合には、著者から書き始め、編集者は役割表示「編」を付して、著者の後に書く。著者名の後に「著」と書かなくても、これで著者との識別ができる。著者、編者が複数いる場合には、一番初めの著者・編者名のみを書き「ほか」として省略してもよい。

11. **著者と団体編者がいる場合**

    ＜省略形＞齋藤光平ほか. 日本航空技術協会編. ヘリコプタ. 日本航空技術協会, 2003, 267p., (航空工学講座 第 11 巻).

    > 解説：この例は講座名と巻次があるので、これを書いている。

12. **著者と監修者がいる場合**

    葛西奈津子. 日本植物生理学会監修. 植物が地球をかえた!. 京都, 化

学同人, 2007, 163p., (植物まるかじり叢書1).

> 解説：監修者は役割表示「監修」を付して、著者の後に書く。この例は、出版地「京都」を記している。叢書名と叢書番号もある。

13. 絵本（ページなし）

坂本のこ. 山田真奈未絵. テムテムとなまえのないウサギ. 神戸, ブックローン出版, 1996, [n.p.].

> 解説：絵本は、文の著者を優先し、絵の著者は役割表示「絵」あるいは「画」を付して続ける。ページのない場合は、[n.p.] (no pagination) とする。数えられるならば、数えて「20p.」のように書いてもよい。

14. 写真集

入江泰吉. 紀野一義文. わたしの愛する仏たち. 新装版, 水書坊, 1991, 163p.

> 解説：写真集は、写真の著者を優先し、文の著者は「文」を付して続ける。

15. 電子図書

宮沢賢治. 風の又三郎. イーブックシステムズ, 2006, 112p. 青空文庫, http://www.flib.jp/D000/book11.html?backurl=/syosetu/syosetu_w-ma/, (参照 2008-04-14).

> 解説：電子図書は、印刷媒体と同じように書誌要素のグループ順に記述したあとで、その他の書誌要素として、原則的に媒体表示、入手先、入手日付を書く。インターネットの場合は、アクセスした URL と入手日付を例示のように書く。CD-ROM の場合は、媒体表示に (CD-ROM) と媒体を示す。この例は、青空文庫というサイト名を加えている。

16. 複数巻ある図書全部（複数年にまたがる出版年）

芥川龍之介. 吉田精一, 中村真一郎, 芥川比呂志編. 芥川龍之介全集. 岩波書店, 1977-1978, 12巻.

<省略形>芥川龍之介. 吉田精一ほか編. 芥川龍之介全集. 岩波書店,

1977-1978, 12 巻.

> 解説：複数巻（冊）ある図書全部を参照する場合には、総ページを示す代わりに「12 巻」あるいは「12 冊」と巻数か冊数を示す。出版年が異なり、複数年にまたがる場合は、最初の年と最後の年をハイフンで結ぶ。複数の編者は省略してもよい。また、この図書はタイトルから著者がわかるので、著者名を省略することも可能である。

b．翻訳書（外国語から日本語）

17. 著者 1 名

パーカー, バリー. アインシュタインの遺産. 井川俊彦訳. 共立出版, 2004, 266p.

> 解説：著者名は、姓名の順に統一するため「バリー・パーカー」を転置して「パーカー, バリー」とする。翻訳者は、書名のあとに役割表示「訳」を付ける。

18. 著者 1 名（著者原綴り，原書名あり）

Parker, Barry. アインシュタインの遺産. 井川俊彦訳. 共立出版, 2004, 266p. 原書名 Einstein's Brainchild, 2000.

> 解説：翻訳書は、著者名の原綴りがわかれば、姓名の順に原綴りで書いてもよい。また、この例のように翻訳書名が必ずしも原書名を直訳しているとは限らないので、原書名がわかれば、注記として書くと参考になる。また、版次や出版年も書くと参考になる。

19. 著者 1 名（Jr. がつく著者名，共訳）

ナイ, ジョセフ S., Jr. 国際紛争: 理論と歴史. 田中明彦, 村田晃嗣訳. 有斐閣, 2007, 368p. 原書名 Understanding International Conflicts: An Introduction to Theory and History, 6th ed.

> 解説：Jr. がつく著者名は、「ジョセフ・S. ナイ・Jr.」あるいは「ジョセフ・S. ナイ・ジュニア」などと書かれているが、姓を前に出して「ナイ, ジョセフ S., Jr.」とする。訳者が複数いる場合には、「, 」で区切って全員記述することが望ましいが、筆頭訳者のみで「田中明彦ほか

訳」としてもよい。原著は第6版の邦訳なので版次を注記に書いている（23参照）。

20. **著者2名**（ハイフンのついた著者名）

ハル, モリス; ヴェルニョ, J.-R. 強制の理論. 原口庄輔, 田中章訳. 研究社出版, 1993, 338p.

> 解説：外国人著者名が複数いる場合には、転置した「, 」と重なるので、「; 」（セミコロン）で区切る。この図書には、「J-R・ヴェルニョ」と書かれているが、姓を前に書く。

c．洋書

21. **著者1名**（版次あり, シリーズ名）

Borjas, George J. Labor Economics. 4th ed., McGraw-Hill, 2008, 544 p., (McGraw-Hill Higher Education).

> 解説：著者名（George J. Borjas）は姓名の順に転置し、姓のあとにコンマを打つ。書名およびシリーズ名は、冠詞、接続詞、前置詞を除く各語の初字を大文字で書く（ただし初語はいかなる場合も大文字）。版表示は edition の省略形 ed. とする。出版年は改訂された第4版の第1刷の年を書く。総ページは印刷されている最後のページ数を書く。シリーズ名は最後に丸括弧に囲って示す。原則として、各書誌要素のグループの終わりはピリオドを打ち、同じ書誌要素グループの中はコンマで区切る。たとえば、標題に関する書誌要素のグループ「Labor Economics 」の終わりはピリオドを打ち、出版に関する書誌要素のグループ内は、「4th ed., McGraw-Hill, …」とコンマで区切り、最後のシリーズ名のあとにピリオドを打つ。ただし、ミドルネーム「J.」のピリオドと、著者の書誌要素グループの終わりを示すピリオドが重なるので、このピリオドは省略する。

22. **著者1名**（ハイフンのついた姓, 初版）

Lindley-French, Julian. A Chronology of European Security & Defence 1945-2007. Oxford University Press, 2007, 383p.

> 解説：著者名(Julian Lindley-French)は姓名の順に転置する。書名は、冠

詞、接続詞、前置詞を除く各語の初字を大文字で書くが、この例のように初字は冠詞であっても必ず大文字で書く。この例は初版なので版次を省略している。

23. 著者1名（Jr. がつく著者名）

Nye, Joseph S., Jr. Understanding International Conflicts: An Introduction to Theory and History. 6th ed., Pearson Longman, 2007, 301p., (Longman Classics in Political Science).

　　解説：著者名（Joseph S. Nye, Jr.）は姓名の順に転置する。この翻訳書の例は 19 参照。

24. 著者2名（ISBN）

Dockrill, Michael L.; Hopkins, Michael F. The Cold War, 1945-1991. 2nd ed., Palgrave Macmillian, 2006,188p., (Studies in European History), ISBN1403933383.

　　解説：著者が2名以上いる場合には、「;」で区切って羅列する。出版に関する要素の最後に ISBN を付与した。

25. 著者3名以上

Knutson, Ronald D.; Penn, J.B.; Flinchbaugh, Barry L. Agricultural and Food Policy. 5th ed., Pearson Prentice Hall, 2004, 171p.

＜省略形＞ Knutson, Ronald D. et al. Agricultural and Food Policy. 5th ed., Pearson Prentice Hall, 2004, 171p.

　　解説：著者が複数名いる場合には、「;」で区切って全員書くことが望ましい。ただし、筆頭著者名のみで「et.al」と書いて省略してもよい。

26. 団体著者（出版地あり）

ILO. World Employment Report: Decent Work in the Information Society. New Delhi, Bookwell, 2002, 271p.

解説：団体著者名は、上位から下位の組織名を書く。ただし、「ILO」など一般によく知られた頭文字は使用してよい。出版者の出版地を記している。

27. 編者のみ

Gonzalez, Eduardo T., ed. Best Practices in Asian Corporate Governance. Asian Productivity Organization, 2007, 204p.

解説：編者には、役割表示「ed.」を付す。

28. 複数編者

Wallin, Nils; Merker, Bjorn; Brown, Steven, eds. The Origins of Music. MIT Press, 2000, 498p.

＜省略形＞ Wallin, Nils et al., eds. The Origins of Music. MIT Press, 2000, 498p.

解説：複数の編者名は、「；」で区切って全員書くことが望ましい。ただし、筆頭著者名のみで「et al.」と書いて省略してもよい。複数の編者の役割表示は「eds.」となる。出版者の Massachusetts Institute of Technology を略記している。

29. 翻訳書（仏語から英語）

Jeanneney, Jean-Noel. Google and the Myth of Universal Knowledge: A View from Europe. Fagan, Teresa Lavender, tr. Univ. of Chicago Press, 2007, 92p.

解説：例は、フランス語から英語の翻訳書である。訳者名は、著者名、書名のあとに、姓名の順に「Fagan, Teresa Lavender」と転置して、役割表示「tr.」を付す。訳者が複数の場合は、「trs.」と複数形を付す。

❖ コラム1：ISBN

　ISBN（International Standard Book Number：国際標準図書番号）とは、図書の流通や取引に役立つように、図書の書名ごとに与えられた13桁（2006年以前は10桁）の国際的な識別番号である。通常、和書ならば裏表紙、洋書ならば標題紙裏か裏表紙に、「ISBN978」からはじまる番号が印刷されている。この番号があれば、著者名や書名を入力しなくても、世界中の図書館蔵書目録やオンライン書店で、すぐに該当の図書を検索できて便利である。

　そこで、参照文献の出版に関する書誌要素の最後に、ISBNを記述しておくと、読者の資料入手の便宜をはかることができる。

　しかし、参照文献にISBNを記載したからといって、著者名や書名などの必須の書誌要素を省くことはできないし、著者にとっては、ISBNを書くことは少々煩雑でもある。ISBNは、一般の読者よりも、入手を依頼された図書館や書店が、図書を取り寄せたりするのに便利に使われる。そのため、本書では、ISBNは必須の書誌要素とはしていない。

　ただし、専門的な書誌や目録では記述した方がよいし、また電子媒体の文献や資料などでは、リンクを張ったり、読者がコピーペーストして利用できるので、今後は書く方向に進むであろう。

(2) 図書の中の1部分（編纂書以外）

基本形

著者名 . " 章の見出し " . 書名 : 副書名 . 版表示 *, 出版者 , 出版年 , はじめのページ - 終わりのページ ,（シリーズ名 , シリーズ番号）.

* 初版は記入しなくてよい

a．和書
30. 図書の中の1ページ

　　名和小太郎 . エジソン理系の想像力 . みすず書房 , 2006, p.47,（理想の教室）.

引用・参考文献の書き方

解説：図書の1部分を参照した場合には、出版年までは図書1冊と同様に書き、参照したページを「p.」のあとに書く。参照したページが1ページの場合は、そのページを「p.47」と書く。すなわち、図書1冊との違いは、総ページ「186p.」とするか、参照ページ「p.47」とするか、「p.」の位置の違いである。そのあとに、シリーズ名などがあれば、続けて記入する。

31. 図書の中の複数ページ

名和小太郎. エジソン理系の想像力. みすず書房, 2006, p.47-48, (理想の教室).

解説：参照ページが複数ページにわたる場合は、「p.47-48」のように、はじめのページと終りのページをハイフンで結ぶ。

32. 1章の参照

名和小太郎. "9 交流ではなく直流". エジソン理系の想像力. みすず書房, 2006, p.47-50, (理想の教室).

解説：図書の1章や1節を参照にした場合は、その見出しを「""」で囲む。章番号や節番号があれば、例のようにそれも含めて書く。

b．翻訳書

33. 図書の中の複数ページ

ヤング, ジェームス W. アイデアのつくり方. 今井茂雄訳. TBS ブリタニカ, 1988, p.32-34.

解説：翻訳書の1部分を参照した場合には、出版年までは翻訳書1冊と同様に書き、参照したページを「p.」のあとに書く。参照したページが1ページの場合は、そのページを「p.32」と書く。ページが複数ページにわたる場合は、「p.32-34」のように、はじめのページと終りのページをハイフンで結ぶ。なお、著者名を「Young, James Webb」と原綴りで書いてもよい。

c. 洋書

34. 図書の中の1ページ

Lancaster, Frederick Wilfrid. Indexing and Abstracting in Theory and Practice. 3rd ed., Facet, 2003, p.83.

> 解説:図書の1部分を参照した場合には、出版年までは図書1冊と同様に書き、参照したページを「p.」のあとに書く。参照したページが83ページの場合は、そのページを「p.83」と書く。すなわち、図書1冊との違いは、総ページ「451p.」とするか、参照ページ「p.83」とするか、「p.」の位置の違いである。「p.」の位置に注意する。そのあとに、シリーズ名などがあれば、続けて示す。

35. 図書の中の複数ページ

Lancaster, Frederick Wilfrid. Indexing and Abstracting in Theory and Practice. 3rd ed., Facet, 2003, p.83-84.

> 解説:ページが複数ページにわたる場合は、「p.83-84」のように、はじめのページと終りのページをハイフンで結ぶ。

36. 1章の参照

Lancaster, Frederick Wilfrid. "Chapter 6 quality of indexing". Indexing and Abstracting in Theory and Practice. 3rd ed., Facet, 2003, p.83-99.

> 解説:図書の1章や1節を参照にした場合は、その見出しを「""」で囲む。章番号や節番号があれば、この例のようにそれも含めて書く。章の見出しは、初字のみ大文字で、その他の大文字使用は原文の言語の慣習に従うことを原則とする。

(3) 編纂書の中の1部分

基本形

```
著者名. " 章の見出し ". 書名: 副書名. 編者名. 版表示 *, 出版者, 出版年, はじめのページ - 終わりのページ, ( シリーズ名, シリーズ番号 ).
```

＊初版は記入しなくてよい

a. 和書

37. 章の著者と複数の個人編者

   信田聡. " 室内環境での VOC と換気 ". 香りと環境. 谷田貝光克, 川崎通昭編. フレグランスジャーナル社, 2003, p.220-227, (アロマサイエンスシリーズ 21, 4).

   > 解説：著者と編集者がいる図書の中の 1 章や 1 部分を参照する場合は、著者名のあとに、参照した章の見出しを「""」で囲み、そのあとに書名を書く。これにより、図書全体と一部分の書誌レベルの区別が明確になる。編者は書名の後に書き、複数いる場合はコンマで区切り、「編」という役割表示を必ず書く。参照した部分や章のはじめのページと終わりのページを書く。

38. 章の著者と団体編者

   根本彰. "1.1 図書館情報学の理論的基礎 ". 図書館・情報学研究入門. 三田図書館・情報学会編. 勁草書房, 2005, p.3-6.

39. 論文集の中の 1 論文（副題あり）

   古川肇. " 目録の新しい地平を求めて：国内外の動向に関する展望と私見 ". 白山図書館学研究：岩淵泰郎教授古希記念論集. 岩淵泰郎教授古希記念論集刊行委員会編. 緑陰書房, 2002, p.21-36.

   > 解説：論文集の中の 1 論文も、編纂書の中の 1 章と同じように書く。その論文の著者名のあとに、論文名を「""」で囲み、論文集名と編集者名を順番に書く。この例は、論文にも論文集にも副題がある。編者は団体である。

40. 作品集（アンソロジー）の 1 作品

   松本清張. " 誤訳 ". 名短編、ここにあり. 北村薫, 宮部みゆき編. 筑摩書房, 2008, p.275-334, (ちくま文庫).

b. 翻訳書
41. 1章の参照（著者なし，編者あり）
"鳥はどうやって飛ぶようになったのか". まだ科学が解けない疑問. ライ, ジュリア; サヴォルド, ダヴィッド編. 福井伸子訳. 晶文社, 1991, p.110-112.

> 解説：翻訳書の1章を参照にした場合は、その見出しを「""」で囲む。この例は、著者がなく複数の編者がいる翻訳書の例である。

c. 洋書
42. 章の著者と複数の個人編者
Mandler, Jean M. "The rise and fall of semantic memory". Theories of Memory, vol.2. Conway, Martin A.; Gathercole, Susan E.; Cornoldi, Cesare, eds. Psychology Press, 1998, p.147-170.
＜省略形＞ Mandler, Jean M. "The rise and fall of semantic memory". Theories of Memory, vol.2. Conway, Martin A. et al., eds. Psychology Press, 1998, p.147-170.

> 解説：著者と編集者がいる図書の中の1章や1部分を参照する場合は、著者名のあとに参照した章の見出しを「""」で囲う。見出しは、初字のみ大文字で書き、その他の大文字使用は原文の言語の慣習に従うことを原則とする。その後に書名を、冠詞、接続詞、前置詞を除く各語の初字を大文字で書く。ただし、書名の初字は必ず大文字とする。この図書は巻次があるので「vol.2」としている。編者は書名の後に書き、複数いる場合はセミコロンで区切り、「eds.」という役割表示を必ず書く（一人の場合は「ed.」）。筆頭編者のみで省略してもよい。参照した部分や章のはじめのページと終わりのページを書く。

43. 作品集（アンソロジー）の1作品
Shelley, Percy. B. "To a skylark". The Golden Treasury of the Best Songs & Lyrical Poems in the English Language. Palgrave, Francis Turner, ed. 5th ed., Oxford Univ. Press, 1964, p.243-246.

引用・参考文献の書き方

❖ コラム2：ページの省略と pp.

　ページは、実にさまざまな書き方がある。
　はじめのページと終わりのページを示すのに、「238-243」のようにページ数だけを書くことは、よく行われている。雑誌記事では、複数ページのことが多いし、ページの書誌要素であることが判別しやすいので、雑誌記事ならば「p.」を省略してもよいだろう。SIST02 でも省くことを認めている。
　ただし、これがすべての種類の資料のページに応用されると、誤解を生む可能性がある。たとえば、図書の中の文章を参照した場合に、単一ページを「238」と数字しか書かないと、1ページなのか総ページなのか判別がつかなくなる。
　雑誌記事では「p.」を省いてもいいが、他の資料では書く、というように、資料の種類ごとに、ページの書き方を変えるのは、より煩雑になり統一を欠く要因にもなるので、本書の具体例はすべて「p.」を付与した形をとった。
　また、複数のページを示すのに「pp.238-243」という書き方もよく見かける。「pp.」は「pages」という意味である。しかし、これを「p.238-243」と書いても、複数ページであることは明らかである。それならば、1文字でも少ない方がよいだろう。単一ページは、「p.238」、複数ページは「pp.238-243」、総ページは「238pp.」となるのも煩雑ではないかと思う。
　というわけで、本書では、ページはすべて「p.」で書いている。

B．雑誌記事

基本形

> 著者名. 記事タイトル: 副タイトル. 雑誌名. 出版年, 巻数 (号数),
> はじめのページ - 終わりのページ.

a．和雑誌

44．著者1名

大江健三郎. 知識人となるために. すばる. 2007, 29(8), p.24-42.

 解説：著者名、記事タイトルは記載されているとおりに書く。著者名は姓名の間にスペースをあけない。雑誌名は記載されているとおりに書く。出版年は西暦で書く。雑誌は、通常1年間で1巻として、毎年巻数が増えていく。号数は、各巻ごとに1号から順番に振られる。したがって、月刊誌ならば毎年各巻1号から12号まで出版される。この雑誌は29巻8号なので、巻数号数は「29(8)」と書く。最後に、記事のはじめのページと終わりのページを示す。雑誌の出版社名はいらない。各書誌要素のグループの終わりはピリオドを打ち、同じ書誌要素グループの中はコンマで区切る。たとえば、著者に関する書誌要素のグループ「大江健三郎」の終わりはピリオドを打ち、出版に関する書誌要素のグループの中は、「2007, 29(8), p.24-42」とコンマで区切り、最後にピリオドを打つ。

45. 著者2名

堤浩之, 後藤秀昭. 四国の中央構造線断層帯の最新活動に伴う横ずれ変位量分布. 地震. 2006, 59(2), p.117-132.

46. 著者3名以上（編に分かれている雑誌, 各号ページと通巻ページが両方ある場合）

穂苅真樹, 土岐仁, 鳴尾丈司, 蘆田浩規. ニュートラルネットワークによるゴルフクラブヘッド・ボール運動の推定. 日本機械学会論文集, C編. 2007, 73(736), p.3265-3271.

＜省略形＞穂苅真樹ほか. ニュートラルネットワークによるゴルフクラブヘッド・ボール運動の推定. 日本機械学会論文集, C編. 2007, 73(736), p.3265-3271.

 解説：複数の著者名は全員書くことが望ましいが、筆頭著者のみを書いて以下は省略してもよい。雑誌が、編や部などに分かれている場合には、雑誌名に編や部をコンマで区切ってそのまま書く。この雑誌には、各号ごとのページ「139-145」と通巻ページ「3265-3271」が両方記載されている。このような場合には、通巻ページを優先する。

図書館では、雑誌のバックナンバーは、通常巻数ごとに1冊に製本され、背表紙には雑誌名と巻数と出版年が示されている。探す場合には、1冊の図書のように該当巻数を手に取って、通巻ページを探せば簡単に探すことができる。したがって、各号ページと通巻ページがある場合には、通巻ページを優先する。

47. 号数のみの雑誌（副タイトルあり，飛びページ）

瀬畑源. 情報公開法と歴史研究: 公文書管理問題を中心として. 歴史学研究. 2008, (839), p.30-37, 64.

> 解説：副タイトルがある記事は「:」に続けて書く。巻数がなく号数しかない場合には、号数を丸括弧で囲む。この論文は、30ページから37ページまで掲載され、さらに64ページに飛んでいる。このようにページが飛んでいる場合には「,」で区切って「p.30-37, 64.」のように書く。

48. 通巻号と巻号の両方ある場合

横尾忠則. 東京23区(18)Y字路徘徊「江戸川区」. 東京人. 2009, 24(1), p.124-126.

> 解説：この雑誌は、「24巻1号」と「通号263」の両方が記載されている。このような場合は、巻号を優先する。図書館でバックナンバーを製本する際には、通常巻号を背表紙に記載するので、そのほうが見つけやすい。この雑誌のページは各号毎に振られている。

49. 特集の1記事

遠藤和彦. 特集, トランジスタはどこまで小さくなるか1: 半導体デバイスの歴史と今後の展開, 微細化と三次元化の流れ. 電気学会誌. 2008, 128(3), p.151-153.

> 解説：特集の中の1記事は、「特集」と書いて特集名を書き、続けて記事タイトル、副タイトルを書く。特集名があることによって各記事タイトルの意味がよりつかめる。

第 4 章 参照文献の具体的な書き方

50. **特集記事全体**

    特集 2, 法学入門. 法学セミナー. 2008, (640), p.12-49.

    > 解説：特集記事全体を参照する場合には、「特集」として特集名をそのまま書く。この雑誌は巻数がなく号数しかないので、号数を丸括弧で囲んで記している。

51. **紀要**

    三田雅敏, 伊藤知佳, 指宿明星. 男女の思考パターンに違いはあるか？：男脳・女脳の分析. 東京学芸大学紀要, 自然科学系. 2007, (59), p.37-41.

    > 解説：大学紀要は、編や部などに分かれていることが多い。雑誌名に編や部をそのまま書く。この紀要は号数しかないので、丸括弧で囲んで記している。

52. **週刊誌（著者なし, 臨時増刊号）**

    特集, のばそう 0 〜 6 歳からの英語力: 全国 199 校プリスクールガイド. AERA. 2008-02-15, 21(7) 臨時増刊, p.27-53.

    > 解説：著者のない記事は、記事タイトルから書き始める。この記事は、特集記事の中の 1 記事のため、特集名「特集, のばそう 0 〜 6 歳からの英語力」に続けて記事タイトルを書いている。週刊誌は出版年だけでなく、出版年月日を書く。巻号は、臨時増刊巻号の場合には、そのまま続けて書けばよい。

53. **日刊誌（団体著者名）**

    経済産業省中小企業庁. 平成 20 年度中小企業関係概算要求等の概要. 経済産業公報. 2007-09-06, (16326), p.3-7.

    > 解説：団体著者名は上位から下位の組織名を書く。日刊誌は、出版年だけでなく年月日まで書く。また、巻数がなく号数しかないので、号数を丸括弧で囲っている。

54. 書評記事

上杉和彦. 河内祥輔著『日本中世の朝廷・幕府体制』. 史学雑誌. 2008, 117(2), p.243-251.

55. 対談記事

千布正利, 田村一夫. 対談「高齢」団地のリニューアルを「まち育て」. 都市問題. 2008, 99(3), p.29-42.

56. 翻訳記事

ヤチヨ, ピーター. 講演: 引用データによって強化された学術情報データベースをいかに評価するか. 高木和子, 加藤多恵子訳. 情報管理. 2006, 48(12), p.763-774.

> 解説：翻訳記事は、原記事（例文は講演録）の著者名を姓名の順に転置して書く。記事タイトルのあとに訳者名を書き、「訳」を付与する。

57. 翻訳記事（訳者不明）

Kareiva, Peter; Marvier, Michelle. 人間のための自然保護. 日経サイエンス. 2008, 338(4), p.86-95. 原題 Conservation for the people.

> 解説：翻訳記事で訳者不明の場合は、書かなくてよい。この例は著者を原綴りで記している。原題が書かれている場合は、参考のために書いておくとよい。

58. 電子ジャーナルの1論文 (CiNii)

上橋菜穂子. 「長老」たちの変容: 地方都市に暮らすアボリジニの事例から. 川村学園女子大学研究紀要. 2002, 13(1), p.205-221. http://ci.nii.ac.jp/naid/110000473176, (入手 2008-03-19).

> 解説：電子ジャーナルの場合は、印刷媒体と同様の必要十分な書誌要素を示した後で、URLと入手年月日を書く。この例は国立情報学研究

第 4 章 参照文献の具体的な書き方

所の電子ジャーナルデータベース CiNii（サイニィ）から入手した論文である。

59. 電子ジャーナルの 1 論文（J-STAGE, DOI あり）

糠野亜紀ほか. 活動量に基づく幼児の交友関係の抽出. 人工知能学会論文誌. 2008, 23(6), p.402-411, doi:10.1527/tjsai.23.402. http://www.jstage.jst.go.jp/article/tjsai/23/6/402/_pdf/-char/ja/, (参照 2008-08-12).

> 解説：この例は科学技術振興機構の電子ジャーナルデータベース J-STAGE から参照した論文である。DOI(Digital Object Identifier) が記載されている場合には、これも書くとよい。

60. 英文論文で和文論文を参照する場合（46 の記事）

Hokari,Masaki; Doki,Hitoshi; Naruo,Takeshi; Ashida,Hiroki. Estimation of golf club head and ball motions by neutral network. Transactions of the Japan Society of Mechanical Engineers, Series C. 2007, 73(736), p.3265-3271. (Japanese).

> 解説：46 の和文論文を英文論文で参照する場合は、論文に記載された英文タイトルを転記する。雑誌名は正式な英文誌名がある場合はこれを記載する。最後に日本語であることを示す。なお、複数著者名は「Hokari, Masaki et al.」としてもよい。

b. 洋雑誌

61. 著者 1 名（DOI あり）

Osman, Magda. Positive transfer and negative transfer/antilearnig of problem solving skills. Journal of Experimental Psychology, General. 2008, 137(1), p.97-115, doi:10.1037/0096-3445.137.1.97.

> 解説：著者名 (Magda Osman) は姓名の順に転置し、姓のあとにコンマを打つ。記事タイトルは初字のみ大文字で、あとは原語の慣習に従う。

雑誌名は、前置詞などを除いて各語の初字を大文字とする。国際規格にのっとり略記することも可能である。号数は括弧でくくり、記事のはじめのページと終わりのページを示す。DOIが付与されている場合には、これを書く。原則として、各書誌要素の終わりはピリオドを打ち、同じ書誌要素の間はコンマで区切る。

62. 著者2名（週刊誌）

Carr, John S.; Najita, Joan R. Organic molecules and water in the planet formation region of young circumstellar disks. Science. 2008-03-14, 319(5869), p.1504-1506, doi: 10.1126/science.1153807.

> 解説：著者が2名いる場合は、「;」で区切る。この記事は週刊誌なので、出版年月日まで書いている。

63. 著者3名（ハイフンがある著者）

Jang-Liaw,Nian-Hong; Lee,Tsung-Han; Chou,Wen-Hao. Phylogeography of Sylvirana latouchii(Anura, Ranidae) in Taiwan. Zoological Science. 2008, 25(1), p.68-79, doi:10.2108/zsj.25.68.

＜省略形＞ Jang-Liaw,Nian-Hong et al. Phylogeography of Sylvirana latouchii (Anura, Ranidae) in Taiwan. Zoological Science. 2008,25(1), p.68-79, doi:10.2108/zsj.25.68.

> 解説：著者名（Nian-Hong Jang-Liaw）は姓名の順に転置する。記事タイトルは、初字のみ大文字で、あとは原語の慣習に従うので、「Sylvirana latouchii」は学名、「Anura, Ranidae」は無尾目アカガエル科、「Taiwan」は地名で初字が大文字になる。

64. 特集の中の1記事（vanがつく著者名）

van Harmelen, M. Special issue, Personal learning environments: Design trajectories, four experiments in PLE implementation. International Learning Environments. 2008, 16(1), p.35-46.

解説:外国人名の前置詞「van」「de」などの位置の扱いは、前におく場合と後ろに置く場合がある。たとえば「Chris van Kessel」は「Kessel, Chris van」と書く。この著者「M. van Harmelen」は van は小文字でこの例のように自身で書いている。参照文献リストのアルファベット順では、V に配列される。特集記事は、「Special issue」などと記載されているように転記し、特集のタイトルの後に、コロンで区切って記事タイトルを書く。

65. 週刊誌(副タイトルあり,巻号なし)

Hamm, Steve; Hall, Kenji. Perfect: The quest to design the ultimate portable PC. Business Week. 2008-02-25, p.042-048.

解説:巻号のない週刊誌は出版年月日を書く。

66. 電子ジャーナルの1論文(ScienceDirect)

Corrall, Sheila. Information literacy strategy development in higher education: An exploratory study. International Journal of Information Managemet. 2008, 28(1), p.26-37, doi:10.1016/j.ijinfomgt.2007.07.002. http://www.sciencedirect.com/, (accessed 2008-03-14).

解説:電子ジャーナルは、印刷媒体と同様の必要十分な書誌要素を示した後で、URL と参照年月日を書く。この例は ScienceDirect から参照した論文である。

67. 電子ジャーナルの1論文(Springerlink)

Aliage, Antonio et al. A small animal positron emission tomography study of the effect of chemotherapy and hormonal therapy on the uptake of 2-deoxy-2-[F-18]fluoro-D-glucose in murine models of breast cancer. Molecular Imaging and Biology.2007,9(3), p.144-150, doi:10.1007/s11307-007-0091-6. http://www.springerlink.com, (accessed 2008-03-14).

引用・参考文献の書き方

解説：著者が 7 名いるので、筆頭著者名のみを書き、ほかは省略している。この例は Springerlink から参照した論文である。

❖ コラム 3：雑誌記事の引用符「""」

　図書 1 冊、会議資料 1 冊、レポート 1 冊全体と、図書の 1 章や会議資料の 1 論文、レポートの 1 論文は、書誌レベルが異なる。そこで、書誌レベルを明確にするために、章や論文のタイトルは引用符で囲って書くようになっている。

　ただし、本書では雑誌記事のタイトルだけは、引用符で囲まないで書いている。下位の書誌レベルならば統一して引用符でくくるべきではないかという意見もあるだろう。実際、雑誌記事タイトルも、共に引用符で囲っても問題はない。

　しかし、普通、雑誌の書誌要素には、短い雑誌名と出版年、巻号が必ずあり、雑誌名の数もそう多くないため、わざわざ引用符でくくらなくても、記事タイトルと雑誌名の区別はつくのである。

　それに対して、書名や会議資料名、レポート名は、時に章や論文タイトルより長かったり、似たような語が並ぶこともあり、区別がつきにくい。

　たとえば、本書 87 ページのレポートの 1 論文を、引用符を使わないで書くと下記のようになる。この論文を入手するためには、レポート名が何かを見極めなければならない。慣れれば、読み取るのに難しくはないとはいえ、ピリオドや記述順によってはかなりわかりにくくなる。

　　農林水産省農林水産技術会議事務局. 森林総合研究所. 絶滅が危惧される希少樹種の生息域内保全に関する基礎的研究. 平成 16 年度 自然環境の管理及び保全に資するための研究. 環境省総合環境政策局総務課環境研究技術室編. 環境省, 2006, p.16-1-16-26, (研究プロジェクト別環境保全研究成果集).

　これに引用符をつけると、下記のようになり、論文名とレポート

名が明確になる。

> 農林水産省農林水産技術会議事務局, 森林総合研究所. " 絶滅が危惧される希少樹種の生息域内保全に関する基礎的研究 ". 平成 16 年度 自然環境の管理及び保全に資するための研究. 環境省総合環境政策局総務課環境研究技術室編. 環境省, 2006, p.16-1-16-26, (研究プロジェクト別環境保全研究成果集).

それに対して雑誌記事は、下記のように、引用符がなくても、記事タイトルと雑誌名の識別を間違えることはまずない。

> 堤浩之, 後藤秀昭. 四国の中央構造線断層帯の最新活動に伴う横ずれ変位量分布. 地震. 2006, 59(2), p.117-132.

引用符をつければ、よりはっきりする。

> 堤浩之, 後藤秀昭. " 四国の中央構造線断層帯の最新活動に伴う横ずれ変位量分布 ". 地震. 2006, 59(2), p.117-132.

識別が可能ならば、できるだけ手間を省きたいので、本書ではSIST02 と同様に、雑誌記事の引用符は書かないことにしている。しかし、書誌レベルの記述の統一という視点でみれば、記述するのもひとつの方法であろう。

C．新聞記事

基本形

```
著者名. 記事タイトル. 新聞紙名. 出版年月日, 朝夕刊, 版, 該当ページ.
```

引用・参考文献の書き方

a. 和文

68. 著者あり

宮田佳幸. シグナル発見: 商店街に復活の兆し, 芸能テコに人呼び込む. 日本経済新聞. 2008-01-21, 朝刊, p.15.

> 解説：新聞記事の著者名は、通常記事の最後に書かれている。記事タイトルは、原則として見出しの大きいものから取るが、文章になるように主語述語の順に並び替えると見やすい。シリーズの記事はシリーズ名、この記事ならば「シグナル発見」を一番はじめに書くとよい。新聞記事は地域（東京版、大阪版など）や版次によって内容が変化するので、必要に応じて版も書く。出版年月日と朝夕刊の別は必ず書く。

69. 著者なし

遺産申告漏れ1年間で4076億円. 朝日新聞. 2007-12-18, 朝刊, p.33.

> 解説：新聞記事の著者名がない場合は、記事タイトルから書き始める。

70. 新聞記事データベース

宮田佳幸. シグナル発見: 商店街に復活の兆し, 芸能テコに人呼び込む. 日本経済新聞. 2008-01-21, 朝刊, p.15. 日経テレコン21, http://telecom21.nikkei.co.jp/nt21/service/, (参照 2008-03-14).

> 解説：68の新聞記事をデータベースで検索して参照した例である。新聞記事データベースから参照した場合は、通常の書誌要素のあとに、入手先のデータベース名（「日経テレコン21」）とそのURL、参照年月日を書く。

71. Webページの新聞記事

新種トカゲの化石発見: 植物食では世界最古…石川・白山. 読売新聞, 2008-03-13. YOMIURI ON-LINE, http://www.yomiuri.co.jp/science/news/20080313-OYT1T00634.htm, (参照 2008-03-14).

> 解説：Webサイトから参照したニュース記事の場合は、通常朝夕刊の別

やページの記載はない。発信年月日のあとに、入手先の Web サイト名（YOMIURI ON-LINE）とその URL、参照年月日を書く。

b．英文

72. 著者あり（飛びページ）

Maynard, Micheline. At Toyota, a giant strives to show its agility: Automaker works to refine a formula for global success. The New York Times. 2008-02-22, natl. ed., p.C1, C4.

> 解説：著者名は姓名の順に書き、記事名は、原則として見出しの大きいものから取る。新聞紙名、出版年月日と、版（「national edition」）を書く。ページは別ページであったり、飛びページになっている場合があるので、コンマで区切る。

D．参考図書（事典・辞書・白書・年鑑など）の 1 部分

基本形

```
著者名."項目名".書名: 副書名, 巻次. 編者名. 版表示*, 出版者,
出版年, はじめのページ-終わりのページ, (シリーズ名, シリーズ番号).
```

＊初版は記入しなくてよい

a．和書

73. 事典の 1 項目

安藤剛久."乾めん".食品産業事典, 上. 第 7 版改訂版, 日本食糧新聞社, 2003, p.319-326.

> 解説：参照した見出し項目の著者名を書く。著者名は項目の最後に括弧に囲って書かれていたり、奥付や標題紙裏に一覧されていることが多い。参照した見出し項目名を引用符で囲って書く。その後に参考図書名と巻次（上巻、第 4 巻など）を書き、書誌レベルを明確にする。版表示は記載のとおりに書く。「株式会社日本食糧新聞社」の株式会社も省略。出版年は西暦に直して最新版である第 7 版改訂版の第 1 刷の年を記す。参照した見出し項目のはじめのページと終わりのページを書く。原則として、各書誌要素のグループの終わりはピリ

オドを打ち、同じ書誌要素の間はコンマで区切る。

74. 事典の1項目（複数編者あり）

藤本佳子. "8.7 集合住宅の管理". 住まいの事典. 梁瀬度子ほか編. 朝倉書店, 2004, p.285-290.

> 解説：この例は、参照した見出し項目名に項目番号がある。項目番号があれば、それも含めて""で囲み、書名を続けて書く。編者名は、書名のあとに役割表示「編」を付して書く。複数編者がいる場合には、例のように「ほか」として省略できる。

75. 電子百科事典の1項目

星川清親. "キョウナ". 日本大百科全書. 小学館. ジャパンナレッジ, http://www.japanknowledge.com/, (参照 2007-05-14).

> 解説：電子媒体の百科事典では、出版年やページが明示されていない場合がある。出版に関する書誌要素のあとに、入手先のサイト名（「ジャパンナレッジ」）や URL、参照年月日を書く。

76. 図鑑の1項目（著者名なし）

"ハナミノカサゴ". 日本産魚類大図鑑, 図版. 益田一ほか編. 第2版, 東海大学出版会, 1988, p.282.

> 解説：図鑑の例で、参照した項目の著者名がない場合は、見出しから書き始める。その後に書名、編者名を書く。編者名は5名いたので筆頭編者名のみとした。図版は書名に入れた。

77. 辞書の1項目

斉藤大紀. "公定歩合". 現代用語の基礎知識 2008. 自由国民社, 2008, p.609.

> 解説：言語辞典でも、その項目の著者名がある場合にはこれを書く。

78. 辞書の1項目（著者なし）

"玉石混淆". 広辞苑. 新村出編. 第 5 版, 岩波書店, 1998, p.708.
> 解説：言語辞典の項目の著者名がないが、編者がいる例である。

79. 電子辞書の 1 項目

"ひんしゅく【顰蹙】". 広辞苑. 第 5 版, 岩波書店, 1998. (電子辞書).
> 解説：同じ「広辞苑」でも電子辞書では、編者の明示がされていなかった。電子辞書ではページもない。電子辞書であることを注記する。

80. 白書の 1 項目

" 第 1 章 第 2 節 賃金、労働時間の動向 ". 労働経済白書 平成 19 年版. 厚生労働省編. 国立印刷局, 2007, p.37-55.
> 解説：白書は年刊なので、必ず版次を書くとよい。書名の一部とするならば平成でかまわない。版表示として「2007 年版」と書いてもよい。著者名がなければ参照した項目から書き始め、書名、編者名と続ける。出版者は「国立印刷局」である。

81. 電子白書の 1 項目（インターネット）

" 第 1 章 第 2 節 賃金、労働時間の動向 ". 労働経済白書 平成 19 年版 労働経済の分析：ワークライフバランスと雇用システム. 厚生労働省, 2007, p.37-55. http://www.mhlw.go.jp/wp/hakusyo/roudou/07/dl/01-02.pdf, (参照 2009-01-13).
> 解説：インターネット上の情報源は、印刷媒体と異なり、明確な編者やページを Web サイト上で探せないことも多い。読者が正確かつ迅速にその項目にたどり着けることを念頭において、参考となる書誌要素をできるだけ明示するよう心がける。

82. 統計書のデータ

" 主要国の主要農産物の自給率 ". ポケット農林水産統計. 農林水産省大臣官房統計部編. 2007 年版, 農林統計協会, 2007, p.8. 農林水産省総合食料局. 食料需給表による.

解説：統計書のデータを参照する例である。統計は、この例のように、原データをもとに編集された二次統計を参照する場合も多い。原データにあたることが原則だが、難しい場合は必ず原データの出典を記述する。

83. 年鑑の1項目（ページ・出版年なし，インターネット）

"2-2 将来推計人口(平成20--117年)". 第57回日本統計年鑑2008. 総務省統計研修所編. 総務省統計局, ［出版年不明］, ［頁記載なし］. http://www.stat.go.jp/data/nenkan/zuhyou/y0202000.xls, (参照 2009-02-02). 本統計の出典は、国立社会保障・人口問題研究所「日本の将来推計人口（平成18年12月推計）」である．

解説：インターネットで公開されている「日本統計年鑑」である。印刷媒体と異なり、出版年やページの記載はないので、［n.d.］(no date)、［n.p.］(no pagination)あるいは［出版年不明］［頁記載なし］とした。URLと参照年月日を書いたあと、原データの出典を示した。

84. 電子地図（CD-ROM）

神奈川県横浜市港南区. ゼンリン, 2007, 1枚, (ゼンリン電子住宅地図デジタウン). (CD-ROM).

解説：CD-ROMの地図である。地図のタイトルが「神奈川県横浜市港南区」、出版者「ゼンリン」で、ページ数の代わりに「1枚」とし、媒体を示す。

b．洋書

85. 事典の1項目（著者・編者あり）

Johnson, Alice K. "Homelessness". Encyclopedia of Social Work, 2. Edwards, Richard L. et al., eds. 19th ed, National Association of Social Workers, 1995, p.1338-1346.

解説：参照した見出し項目の著者名（Alice K. Johnson）を姓名の順に転置して書く。参照した見出し項目名を引用符で囲って初字のみ大

文字で書く。その後に書名と巻次を書き、書誌レベルを明確にする。書名は接続詞等を除いて頭文字を大文字にする。複数編著者名は、筆頭編者のみ姓名の順に転置して書き、あとは省略して役割表示「eds.」と書く。版表示は edition の省略形 ed. とする。出版年は第 19 版の第 1 刷を書く。参照した見出し項目のはじめのページと終わりのページを書く。原則として、各書誌要素の終わりはピリオドを打ち、同じ書誌要素の間はコンマで区切る。

86. 事典の 1 項目（著者・編者なし）

"Horse racing". The New Encyclopedia Britannica: Micropaedia Ready Reference, vol.6. 15th ed., Encyclopedia Britannica, 1994, p.68-70.

> 解説：参照した項目の著者名がない場合は、見出しから書き始める。その後に書名、編者名を書くが、この例は編者がないので、出版に関する書誌要素を続けた。

87. 辞書の 1 項目（複数出版者）

"index". The New Shorter Oxford English Dictionary on Historical Principles, vol.1. Brown, Lesley, ed. Oxford Univ. Press, Clarendon Press, 1993, p.1347.

> 解説：言語辞典の参照例である。参照した項目の著者名がないので、見出しから書き始める。その後に書名、編者名を書く。出版が 2 社あるのでコンマで区切って続けて書いている。

88. 統計書

"Table 271 foreign(nonimmigrant) student enrollment in college: 1976 to 2005". Statistical Abstract of the United States 2007: The National Data Book. 126th ed., US Dept. Commerce, US Census Bureau, 2006, p.173.

> 解説：統計書のデータを参照する例で、米国商務省センサス局の統計書である。著者名はない。

E．政府刊行物

基本形

> 著者名. タイトル: 副タイトル. 版表示*, 出版者, 出版年, 総ページ数, (シリーズ名 , シリーズ番号).

* 初版は記入しなくてよい

89. 政府刊行物（インターネット）

    文化審議会著作権分科会法制問題小委員会. 文化審議会著作権分科会法制問題小委員会平成 19 年度・中間まとめ. 文化庁, 2007, 93p. http://www.bunka.go.jp/chosakuken/singikai/pdf/housei_chuukan_1910.pdf, (参照 2008-08-12).

    > 解説：政府刊行物はインターネット上に公開されることが多くなってきた。PDF で公開される場合は、印刷媒体とほぼ同様に書誌要素を書くことができる。出版に関する書誌要素に続けて、URL と参照年月日を示す。この例で 1 部分を参照する場合は、参照したはじめのページと終わりのページをハイフンでつなげて書く。

90. 政府刊行物（英文 , インターネット）

    U.S. Department of the Interior, Fish and Wildlife Service. Final Environmental Impact Statement: Light Goose Management. GPO, 2007, 243p. http://www.fws.gov/migratorybirds/issues/snowgse/FinalEIS2007/Light%20goose%20EIS.pdf, (accessed 2008-08-12).

    > 解説：インターネットから入手可能なアメリカの政府刊行物である。GPO とは Government Printing Office で略記してもよい。

第 4 章　参照文献の具体的な書き方

F．パンフレット
基本形

> 著者名. タイトル: 副タイトル. 版表示*, 出版者, 出版年, 総ページ数, (シリーズ名, シリーズ番号). (パンフレット).

*初版は記入しなくてよい

a．和文

91. 団体著者

JR 東日本. 小さな旅: うららかな春花香る房総へ. 2008, 26p. (パンフレット).

> 解説：著者名は団体著者名で株式会社は省略している。パンフレットの主たるタイトルを書く。この例は、出版者と著者名が同じなので、出版者は省略した。総ページは印刷されている最後のページ数を書く。「注記的な書誌要素」として、パンフレットであることを示しておくとわかりやすい。原則として、各書誌要素の終わりはピリオドを打ち、同じ書誌要素の間はコンマで区切る。

92. 団体著者（ページなし）

神奈川県立図書館. 利用のご案内. 2007, [n.p.]. (パンフレット).

> 解説：パンフレットはページ数がないものも多い。[n.p.] (no pagination) あるいは [頁記載なし] とする。最後に (パンフレット) と示しておく。

93. 団体著者（出版年・ページなし）

東京工業大学附属図書館. 図書館利用案内. [n.d.], [n.p.]. (パンフレット).

> 解説：ページ数も出版年もない例である。[n.d.] (no date) [n.p.] (no pagination) あるいは [出版年不明] [頁記載なし] と書く。パンフレットであることを明記すれば、出版年やページがないことが理解できる。

b．英文

94. 団体著者

JR-East. Welcome to Tokyo, Yokohama, Kamakura. 2008, 14p. (brochure).

G．規格

基本形

規格番号: 制定年. 規格タイトル.

95. 和文規格

JIS Z 2248: 2006. 金属材料曲げ試験方法.

解説：規格は国際規格、国家規格、団体規格などがあるが、いずれもその規格番号が制定した機関を特定するため、特に著者名を書かなくても、規格番号とその制定年を書けば、規格の識別と入手が可能である。規格は制定年により、内容が変わるので、制定年は欠かしてはならない。

96. 欧文規格

DIN 1450: 1993. Lettering: Legibility.

H．レポート（技術研究報告書、調査研究報告書など）

(1) レポート 1 冊

基本形

著者名. レポート名: 副タイトル. 出版者, 出版年, レポート番号, 総ページ数.

a．和文

97. 団体著者

機械振興協会経済研究所. グローバル化・取引形態の多様化に係る調査研究. 機械振興協会経済研究所, 2005, 機械工業経済研究報告書 H16-5-1A, 105p.

第 4 章　参照文献の具体的な書き方

　　解説：レポートの著者名は団体の場合も多い。上位団体名から下位団体名の順に書く。「財団法人」「独立行政法人」などの呼称は省く。例示のように出版者と著者名が同じ場合は、出版者を省いてもよい。レポートはレポート番号が重要である。記載されているとおりにすべて書く。レポートの総ページ数を最後に示す。

98. 団体編者（複数のレポート番号あり）

　　青森県教育庁文化財保護課編. 三内丸山遺跡 32. 青森県教育委員会, 2007, 青森県埋蔵文化財調査報告書第 444 集, 旧野球場建設予定地発掘調査報告書 8 (掘立柱建物跡 (2)), 135p.

　　解説：著者名はなく編者名しかない場合もある。役割表示「編」を付けて著者名に準じて書く。レポート名「三内丸山遺跡 32」、出版者「青森県教育委員会」、出版年が 2007 年である。レポート番号がこの例のように複数ある場合には、すべてをコンマで区切って書く。

99. 団体編者（レポート番号なし, 章別ページ数）

　　東京都防災会議編. 首都直下地震による東京の被害想定報告書. 東京都総務局総合防災部防災管理課, 2006, 212p.

　　解説：このレポートのようにレポート番号がない場合もある。またレポートは、ページ付けが論文や章ごとに付けられていたりする場合も多い。このレポートは、本編(106 ページ)、資料編(資 -1 から資 -30 ページ)、手法編(手 -1 から手 -74 ページ)、参考(2 ページ)と別々にページが振られているので、全部のページを合計して 212 ページとした。

b. 英文

100. 著者 2 名（オンライン）

　　Loughran, David S.; Seabury, Seth A. Estimating the Accident Risk of Older Drivers. RAND Institute for Civil Justice, 2007, TR-450-ICJ, 64p. http://www.rand.org/pubs/technical_reports/2007/RAND_TR450.pdf, (accessed 2008-08-19).

> 解説：著者名に続けて、レポート名を冠詞、接続詞、前置詞を除く各語の初字を大文字にして書く（ただし初語はいかなる場合も大文字）。出版者「RAND Institute for Civil Justice」はRAND Corporationの下部機関である。ページの前にレポート番号を書く。この例は、インターネットから入手できるオンラインレポートである。

101. 著者3名以上（オンライン）

Heddle,Gemma et al. The Economics of CO_2 Storage. Massachusetts Institute of Technology, Laboratory for Energy and the Environment, 2003, LFEE 2003-003 RP,111p. http://lfee.mit.edu/public/LFEE_2003-003_RP.pdf, (accessed 2008-08-19).

> 解説：著者が3名以上いるので筆頭著者のみとしている。Laboratory for Energy and the Environment は Massachusetts Institute of Technology の下部機関である。

(2) レポートの1部分

基本形

```
著者名."論文名".レポート名:副タイトル.編者名.出版者,出版年,
レポート番号,はじめのページ-終わりのページ.
```

a．和文

102. 著者1名（編者あり）

平峯悠."どうする！社会資本整備".新時代の景観・デザイン手法のノウハウの確定と普及.建設コンサルタント協会近畿支部景観デザイン手法研究委員会編.建設コンサルタント協会,2008,資料No.06-1, p.147-159.

> 解説：レポートの中の1論文は、図書の中の1章と同じように書く。著者名を示したあと、論文名を「""」で括る。さらに、レポート全体のタイトルを書き、役割表示を付けて編者名を続ける。出版者、出版

第 4 章　参照文献の具体的な書き方

年のあとに、レポート番号を記載してあるとおりに書き、最後にその論文のはじめのページと終わりのページを示す。

103. **団体著者 2 名**（レポート番号なし, 論文別ページ）

農林水産省農林水産技術会議事務局, 森林総合研究所. "絶滅が危惧される希少樹種の生息域内保全に関する基礎的研究". 平成 16 年度 自然環境の管理及び保全に資するための研究. 環境省総合環境政策局総務課環境研究技術室編. 環境省, 2006, p.16-1-16-26, (研究プロジェクト別環境保全研究成果集).

解説：このレポートは、2 つの団体著者名の論文である。レポート番号はないが、シリーズ名のような「研究プロジェクト別環境保全研究成果集」というタイトルがついているので、図書の書誌要素を応用して、ページのあとに書いた。このような応用は臨機応変に行えばよい。ページは論文別についていて 16-1 から 16-26 までである。

b. 英文

104. **レポートの 1 章**（オンライン）

Groode, Tiffany A.; Heywood, John B. "Chapter3, Corn grain ethanol life-cycle assessment". Biomass to Ethanol: Potential Production and Environmental Impacts. Massachusetts Institute of Technology, Laboratory for Energy and the Environment, 2008, LFEE2008-02 RP, p.44-76. http://lfee.mit.edu/public/LFEE%202008-02%20RP.pdf, (accessed 2008-08-19).

解説：インターネットで入手できるオンラインレポートの中の 1 章を参照した例である。著者名のあとに、章の見出しがあれば、引用符で括る。レポート名は冠詞、接続詞、前置詞を除く各語の初字を大文字で書く。レポート名は、各語の初字を大文字にすることで、書誌レベルを明らかにできる。レポート名の副題は、「:」で区切って書く。レポート番号は欠かさずに書く。この例は、章全体を参照しているが、数ページ、複数ページの参照ならば、34 や 35 の例のように参照ページを書けばよい。

引用・参考文献の書き方

Ⅰ．会議資料
(1) 会議資料1冊

基本形

> 会議資料名: 副タイトル. 会議開催地, 会議開催期間, 会議主催機関名. 出版者, 出版年, 総ページ数, (シリーズ名 , シリーズ番号).

a．和文

105. **会議報告書**（複数の会議開催地, 複数の会議主催機関名あり, 出版者不明）

火山災害軽減のための方策に関する国際ワークショップ2005報告書: 海外事例から学ぶ火山防災対策の教訓. 富士吉田市, つくば市, 2003-10-26/28, 山梨県環境科学研究所, 防災科学技術研究所. [出版者不明], 2005, 463p.

> 解説：会議資料には、表紙、背表紙、標題紙などそれぞれの箇所に、異なる表記の会議資料名が記載されていることがある。そのため、会議資料名をどう書いたらよいか迷う場合が少なくないが、会議主催機関名、開催回次、開催年度、副タイトルがある場合には必ずタイトルに含めるとわかりやすい。また、予稿集、要旨集、会議録、報告書など会議資料の形態を示す語があれば、これもタイトルに入れておく。会議前の論文か、会議後に記録としてまとめられたものかという区別がつく。会議開催地が2カ所に分かれている場合は両方書く。会議開催年と出版年は異なるので区別する。会議開催期間は、開催初日と最終日をスラッシュで区切る。会議主催機関もこの例のように複数の場合があるので、コンマで区切る。この会議資料には、出版者が明記されていなかったので、[出版者不明] と書いた。

106. **会議要旨集**（会議主催機関名の省略）

日本膜学会第30年会講演要旨集. 東京, 2008-05-15/16. 日本膜学会, 2008, 100p.

> 解説：要旨集の例である。会議資料名に主催機関名が含まれているので、主催機関名を省くこともできる。

a．英文
107. 会議報告書

Distributed Computing in Sensor Systems: 4th IEEE International Conference, Proceedings, DCOSS 2008. Nikoletseas, Sotiris et al, eds. Santorini Island, Greece, 2008-06-11/14, IEEE Computer Society. Springer-Verlag, 2008, 552p., (Lecture Notes in Computer Science, 5067).

> 解説：会議主催機関名、開催回次、開催年度、副タイトルがある場合には、必ず書く。また、Preprint、Proceeding など会議資料の形態を示す語があればタイトルに入れておく。この例は、複数の編集者がいるので、会議資料名のあとに記述している。会議開催地は国名も付した。会議開催期間は、開催初日と最終日をスラッシュで区切る。会議開催年と出版年は異なるので、その会議が開かれた年と出版年は区別して書く。シリーズ名があればこれも書いておく。

（2）会議資料の1論文
基本形

著者名."論文名".会議資料名:副タイトル.会議開催地,会議開催期間,会議主催機関名.出版者,出版年,はじめのページ-終わりのページ.

---

a．和文
108. 会議主催機関名を省略する場合

金尾滋史, 前畑政善, 沢田裕一."琵琶湖周辺における水田利用魚類の生態と保全".国際湿地再生シンポジウム 2006: 湿地の保全再生と賢明な利活用 報告書.大津市, 2006-01-28/29.国際湿地再生シンポジウム 2006 実行委員会, 2006, p.82-83.

> 解説：会議資料の1論文は、著者名のあとに論文名を""で括り、そのあとに会議資料全体の書誌要素を書く。この会議資料は、「国際湿地再生シンポジウム 2006 実行委員会」が会議主催機関であり、かつ

出版者なので、会議主催機関名を省略している。会議資料はこのように会議主催機関が会議資料を出版することが多い。最後に論文のはじめのページと終わりのページを書く。

109. 予稿集

中後大輔ほか. " 介護における起立動作支援システムの開発 ". 第12回ロボティクスシンポジア予稿集. 長岡, 2007-03-12/16, 日本ロボット学会, 日本機械学会, 計測児童制御学会. 第12回ロボティクスシンポジア実行委員会, 2007, p.94-99.

> 解説：予稿集とは、会議開催前に発表者の予稿をまとめて刊行したもので、会議開催後会議録が出る場合もあるが、それが出版されない場合は、予稿集が唯一の会議資料となる。複数の著者がいるので第1番目の著者のみ記している。会議資料名から予稿集であることがわかる。3つの機関が主催している。出版者は、「第12回ロボティクスシンポジア実行委員会」である。

b. 英文

110. 会議報告書

Kawata, Hiroaki; Yasuda, Masaaki; Hirai, Yoshihiko. "Sheath voltage estimate for ICP etcher by impedance analysis". Proceedings of 29th International Symposium on Dry Process. Tokyo, 2007-11-13/14, The Institute of Electrical Engineers of Japan.［n.p.］, 2007, p.199-200.

> 解説：著者名は日本人であっても、姓名の順にコンマで区切る。論文名を初字のみ大文字で「""」で囲んで書く。この会議資料は出版者が明示されていないので、［n.p.］(no publisher) とした。

111. 雑誌に掲載された会議資料

Bolonkin, Alexander. "Non-rocket earth-moon transport system". 34th Scientific Assembly of the Committee on Space Research (COSPAR). Houston, Texas, USA, 2002-10-10/19, The World

Space Congress. Advances in Space Research. 2003,31(11), p.2485-2490, COSPAR-02 B0.3-F3.3-0032-02.

> 解説：会議資料は、独立した資料として刊行されるだけでなく、雑誌の1号や一部に掲載されたり、レポートとして刊行されたり、さまざまな刊行形態を取る。この例は、雑誌の中の1論文として刊行された会議資料の論文である。主催機関名のあとに、雑誌名、発行年、巻号、ページを書く。これで、入手方法が雑誌であることがわかる。なお、この論文には、論文番号「COSPAR-02 B0.3-F3.3-0032-02」があったのでこれも示した。

J．博士論文

基本形

> 著者名. 論文名. 大学名, 学位授与年, 学位請求論文の種類.

112. 博士論文

坪井裕子. ネグレクト児の臨床像とプレイセラピーに関する研究. 名古屋大学, 2007, 博士論文.

113. 博士論文（英文）

Koshiba, Masatoshi. Ultra-High-Energy Phenomena in Cosmic Rays. University of Rochester, 1955, Ph.D.thesis.

K．判例

基本形

> 事件名. 裁判所名, 判決年月日. 判例集名. 巻号, はじめのページ - 終わりのページ.

114. 判例

東京地裁八王子支部判決, 1962-11-28. 下級裁判所刑事裁判判例集.

13(11), p.2395.

115. 判例（事件名がある場合, 判例データベース）

タウンページデータベース事件. 東京地裁判決, 2000-03-17. LEX/DB インターネット判例データベース (知的財産権判例検索), http://www.tkclex.ne.jp/, (参照 2008-03-14).

L. テレビ・ラジオ番組

基本形

番組シリーズ名: 番組タイトル. 放送会社名, 放送年月日. (媒体表示).

116. 番組全体

朝まで生テレビ: 激論！これからドーなる?! 裁判員制度, あなたは人を裁けますか. テレビ朝日, 2008-06-28/29. (テレビ番組).

解説: テレビやラジオ番組の参照は、番組タイトル、放送会社名、放送年月日を必ず書き、テレビ番組やラジオ番組であることを媒体表示で示す。

117. 番組の一部

"図書館を使いこなそう！". 週刊子どもニュース: なるほど！うなずキッズ. NHK, 2007-08-25. (テレビ番組).

解説:「週刊子どもニュース」というシリーズ番組の毎回決まったコーナー「なるほど！うなずキッズ」でのトピックならば、この例のような書き方も可能であろう。

M. 映像資料

基本形（映画）

> 監督者名.映画名：副題.出演者名.製作年.版表示,出版者,出版年,(シリーズ名).(媒体表示),入手先.

118. 映画（邦画）

山田洋二監督.男はつらいよ：寅次郎相合い傘.渥美清,浅丘ルリ子,倍賞千恵子出演.1975.松竹,2005.(DVD).

> 解説：映画は、基本形をもとに、必要に応じて原作者名や脚本家名、主な出演者名などを「原作」「脚本」などの役割表示を付けて、映画名と製作年の間に挿入してよい。出版に関する書誌要素を書いた後、DVDなど媒体表示をする。パッケージ系の媒体は特に入手が困難でなければ、入手先を書かなくてもよい。オンラインで入手した場合は、URLなどを書く。

119. 映画（洋画）

Coppola, Francis Ford, dir. The Godfather: The Coppola Restoration. Brando, Marlon; Pacino, Alfredo; Caan, James; Duvall, Robert, perfs. 1972. Restoration ed., Paramount, 2008. (DVD).

> 解説：映画監督は、監督者名のあとに「director」の省略形で役割表示をする。出演者は「performer」の省略形をつけて映画名の後に書く。製作年のあとに、版と出版者、出版年を書く。

120. 演劇の映像資料

勧進帳.七世松本幸四郎,十五世市村羽左衛門,六世尾上菊五郎出演.1943.松竹,2004,(歌舞伎名作撰).(DVD).

> 解説：演劇の場合は、演出者名を初めに書くが、この場合はないので演目から書き始める。出演者名を書く。

N．音楽

基本形

> 作詞者名, 作曲者名. "楽曲タイトル". アルバムのタイトル. 実演者名. 製作年. 出版者, 出版年, (シリーズ名). (媒体表示), 入手先.

121．音楽の録音資料

永六輔作詞, 中村八大作曲. " 上を向いて歩こう ". 九ちゃんの唄, 第 2 集. 坂本九歌. 1964. EMI, 2008. (CD).

> 解説：楽曲の場合は、作詞者名、作曲者名を初めに書く。楽曲のタイトルを引用符でくくってから、アルバム全体のタイトルを書く。実演者名を役割表示とともに書いた後、製作年を書く。つづけて出版者と出版年、シリーズ名があれば書く。媒体表示は忘れずに書く。

122．コンサートの映像資料

ウイーン／ニューイヤー・コンサート 1987. カラヤン, ヘルベルトフォン指揮, ウィーン・フィルハーモニー管弦楽団, バトル, キャスリーン歌. 1987. CBS/Sony Records, 1990, (カラヤンの遺産 (テレモンディアル原盤)). (LD).

> 解説：これはコンサート全体を参照した場合で、コンサート全体のタイトルを書き、指揮者名や演奏者はタイトルのあとに、必要に応じて役割表示をつけて書く。例示は収録年を記述したが、タイトルからわかるので省略してもよい。媒体はレーザーディスクである。

123．音楽の録音資料（英文）

Eckstine, Billy. "I want to talk about you". Soultrane. Coltrane, John, pref. 1958. Prestige Records, 1987. (CD).

> 解説：作曲家名を最初に姓名の順で書き、楽曲のタイトルを "" でくくってから、アルバム全体のタイトルを書く。実演家名は適宜書けばよいが、この場合はサックス奏者の John Coltrane のみを書いている。演奏した年、出版者と出版年を書き、媒体も最後に書く。

第 4 章　参照文献の具体的な書き方

O．Web サイト、Web ページ

基本形

著者名. "Web ページのタイトル ". Web サイトの名称. 更新日付. 入手先,（参照年月日）.

a. 和文

124. Web サイト

日本放送協会. NHK オンライン. 2008-08-18. http://www.nhk.or.jp/, (参照 2008-08-21).

> 解説：Web サイト全体を参照する場合には、その著者名をまず書いて、タイトルとなる Web サイトの名称と更新日付を続けて書く。最後に入手先となる URL と参照年月日を示す。

125. Web ページ

東芝. " 会社概要: 歴史と沿革 ". 東芝ホームページ. 2008. http://www.toshiba.co.jp/about/histo_j.htm, (参照 2008-03-21).

> 解説：Web サイトの中の Web ページを参照する場合には、まず、その Web ページの著者を書き、ピリオドを打つ。次に標題の要素として、Web ページのタイトルを引用符で括る。そのあとに、Web サイト全体の名称と更新された年月日を続けて書く。ちょうど、図書の 1 部分を参照するのと同じ考え方である。最後に入手先となる URL と参照年月日を示す。

126. 政府の Web ページ（PDF の場合）

経済産業省中小企業庁. " 平成 20 年度における経済産業省の概算要求等について: 資料 4-2 平成 20 年度中小企業関係概算要求等の概要 ". 経済産業省. 2007-08,18p. http://www.meti.go.jp/topic/data/070824-4-2.pdf, (参照 2008-03-19).

> 解説：この例は、政府の Web サイトの中の Web ページ (PDF) である。団体著者名のあと、Web ページのタイトルを引用符で括って書く。こ

の資料は、作成年月と総ページがわかるので、これを書いている。最後に入手先となる URL と参照年月日を示す。

b. 英文

127. Web サイト

University of California. UC Berkeley. 2008. http://www.berkeley.edu/, (accessed 2008-10-20).

解説：この Web サイトの著者名は University of California で、タイトルが UC Berkeley である。著作権表示に 2008 とあるのでこれを更新日付として書いている。最後に入手先となる URL と参照年月日を示す。

128. Web ページ

UNESCO. "World heritage list". World Heritage. Ver.3-0, updated 2009-01-20. http://whc.unesco.org/en/list, (cited 2009-01-20).

解説：Web サイト (World Heritage) の中の Web ページ (World heritage list) を参照した例である。団体著者名 UNESCO は一般的によく知られているので略語でよい。この Web サイトにはバージョンと更新された年月日が記載されていたのでこれを書いている。最後に入手先となる URL と参照年月日を示す。

第 4 章　参照文献の具体的な書き方

❖コラム 4：URL

　インターネットから入手した参照文献は、入手方法として URL を記述する。それは、読み手がその URL にアクセスして、迅速に文献を入手する便宜を図るためである。

　したがって、参照文献には、その文献の標題や部分が、直接出てくる URL を書くことが望ましい。URL を、サイトのトップページやメニューページでとどめると、目的の参照文献にたどり着くまで、読者は迷ったり時間がかかることになる。

　しかし、データベースに蓄積された文献などでは、その文献の URL が非常に長いことがある。このような場合は、データベース名を記述して、そのデータベースファイルのトップページや検索画面のアドレスを記述すればよい。検索画面で、参照文献に書かれた著者名やタイトルで調べれば、簡単にアクセスできる。

　なお、電子ジャーナルなどで、DOI を書いた場合は、国際 DOI 財団のサイト（http://www.doi.org/）から入手先の URL を検索できるので、URL のすべてを記述しなくてもアクセスすることができる。

　いずれにしても、著者は、参照文献に URL を書いたあとで、必ずその URL でアクセスしてみることが大切である。読み手の立場になって、その URL が文献入手のために機能するかどうか、確認してほしい。

　記述した URL は、削除されたり移動されたりすることがある。少なくとも原稿を書いた時、校正の時、原稿を改訂する時などには、すべての URL にアクセスし、確認するとよい。

　URL は転記ミスをしないように注意する。また、改行はスラッシュやピリオドのあとで行い、数字や文字の途中やハイフンのあとで行わない方がよい。特にハイフンのあとで改行すると、URL のハイフンではなく、改行のハイフンと間違われる恐れがある。

引用・参考文献の書き方

[参考] 縦書きの参照文献の書き方

縦書きで参照文献をどう書いたらよいかという質問もよく受ける。

問題のひとつは、句読点法である。コンマやセミコロン、引用符は使えない。欧文と混在しないならば、日本文に特有な句読点—たとえば「」や『』、「、」「。」「・」を使うことも可能であるが、あまり多くの記号を使うことは避けたい。

欧文著者名の姓名を転置したときの区切り記号にコンマを使えないとすると、（　）や［　］などで区切るしかあるまい。

たとえば、第2章で掲げた句読点法を縦書きでは、表4-1のようにすることを提案する。

表4-1 縦書きの句読点記号とその用法

名称	記号	用法
ピリオド	．	各書誌要素のグループの終わりに用いる。論文名及び編者名等の後にも用いる。
読点	、	書誌要素内及び書誌要素間の区切りに用いる。
中黒	・	複数著者名の区切りに用いる。
ダッシュ	—	論文名と副標題，書名と副書名及び特集標題と論文名の間の区切りに用いる。
かぎ括弧	「　」	レポートや論文集の1論文，図書の1章のように，標題の区別が付きにくい場合に，1論文や1章の標題をくくるために用いる。
丸括弧	（　）	欧文著者名の名をくくるために用いる。シリーズ名，言語表示，媒体表示，入手日付，付記事項(同一機関名，同一誌名を区別するための地名等の付記等)に用いる。
角括弧	［　］	出版年不明等，不明な書誌要素を記述する場合に用いる。

第 4 章　参照文献の具体的な書き方

　もうひとつは、数字をどう書くかである。これはそのまま漢数字に直すという方法がある。
　最後はページの書き方である。「p.」は「頁」、総ページは「全…頁」とするのはどうだろう。
　[n.d.] は [出版年不明]、[n.p.] は [出版者不明]、[頁記載なし] と書く。
　なお、URL やその他アルファベットなどで書かれている場合および入手日付は、そのまま 90 度回転して書くほかはないだろう。URL と参照年月日の間は例外的に「、」を打たずに書いた。
　この記号法を使って、資料別に具体例を記述すると次のようになる。

引用・参考文献の書き方

[資料別具体例]

図書一冊
立花隆．ぼくはこんな本を読んできた―立花式読書論．読書術．書斎論．文芸春秋，一九九五，全三七五頁，（文春文庫）．

翻訳書一冊
ヘル（モリス）・ヴェルニョ（J.-R.）．強制の理論．原口庄輔・田中章訳．研究社出版，一九九三，全三三八頁．

図書の中の一ページ
名和小太郎．エジソン理系の想像力．みすず書房，二〇〇六，四七頁，（理想の教室）．

図書の中の一章
名和小太郎．「9　交流ではなく直流」．エジソン理系の想像力．みすず書房，二〇〇六，四七‐五〇頁，（理想の教室）．

編纂書の中の一部分
信田聡．「室内環境でのVOCと換気」．香りと環境．谷田貝光克・川崎通昭編．フレグランスジャーナル社，二〇〇三，二二〇‐二二七頁，（アロマサイエンスシリーズ二一，四）．

雑誌の一論文
鈴木弘孝・三坂育正．季節の違いによる壁面緑化の温熱環境改善効果．日本緑化工学会誌，二〇〇八，三三巻四号，五八一‐五八五頁．
三田雅敏ほか．男女の思考パターンに違いはあるか？―男脳・女脳の分析．東京学芸大学紀要自然科学系，二〇〇七，五九号，三七‐四一頁．

電子ジャーナル
横野重紀．活動量に基づく幼児の交友関係の抽出．人工知能学

会論文誌,2008,23巻6号,402―411頁,doi: 10.1527/tjsai.23.402. http://www.jstage.jst.go.jp/article/tjsai/23/6/402/_pdf/-char/ja/（参照 2008-08-12）.

新聞記事
宮田佳幸. シグナル発見―商店街に復活の兆し,芸能デコに人呼び込む. 日本経済新聞,2008年1月22日,朝刊,15頁.

レポート用
機械振興協会経済研究所. グローバル化・取引形態の多様化に係る調査研究. 機械振興協会経済研究所,2005,機械工業経済研究報告書H16-5-1A,全105頁.

パンフレット
東京工業大学附属図書館. 図書館利用案内. [出版年不明],[頁記載なし]，(パンフレット).

会議資料の一論文
金尾滋史・前畑政善・沢田裕一. 「琵琶湖周辺における水田利用魚類の生態と保全」. 国際湿地再生シンポジウム2006―湿地の保全再生と賢明な利活用報告書. 大津市,2006年1月28日―29日. 国際湿地再生シンポジウム2006実行委員会,2006,82―83頁.

ウェブページ
東芝.「会社概要―歴史と沿革」. 東芝ホームページ. 2008. http://www.toshiba.co.jp/about/histo_j.htm（参照 2008-03-21）.

101

第5章

参照文献を書いてみよう

引用・参考文献の書き方

　本章では、参照文献を実際に原文献からどう書くか、その方法と手順を説明する。

　対象とする資料は、図書 1 冊、雑誌記事、電子ジャーナルの 1 論文、Web サイト・Web ページである。

図書 1 冊

a. 和書

　和書から書誌要素を見つけるには、表紙や背表紙も参考になるが、全ての書誌要素がまとまって記載されている奥付を見るとよい。奥付とは、和書の巻末についている書誌要素や著者紹介などがまとめてかかれているページをいう。図 5-1 は、その奥付の例である。

　それでは、この図 5-1 を見ながら、この和書 1 冊を参照文献として書いてみよう。

　図 1 冊の基本形は、以下のとおりである。

著者名. 書名: 副書名. 版表示 *, 出版者, 出版年, 総ページ数,（シリーズ名, シリーズ番号）.
---

* 初版は記入しなくてよい

　これに倣って、図 5-1 の奥付から、著者の書誌要素（著者名）、標題の書誌要素（書名: 副書名）、出版の書誌要素（版表示, 出版者, 出版年, 総ページ数, シリーズ名, シリーズ番号）を順番に読み取り、それぞれの書誌要素のグループの終りは「. 」（ピリオド）をうち、同じ書誌要素のグループ内は「, 」（コンマ）で区切る。

　なお、総ページは、最後のページ数を書けばよい。この図書の総ページは 305 ページである。

第5章　参照文献を書いてみよう

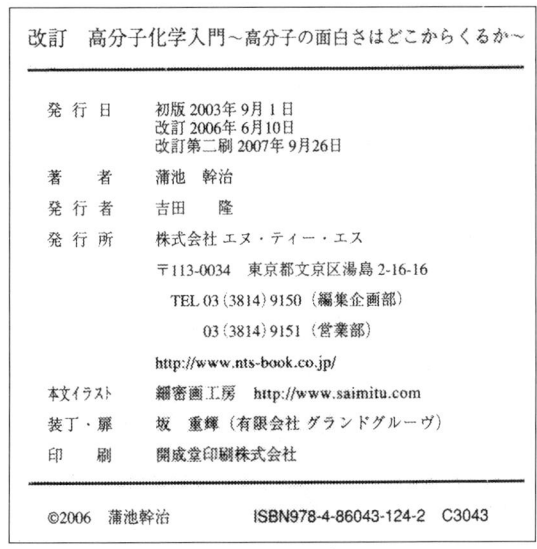

```
改訂　高分子化学入門〜高分子の面白さはどこからくるか〜

発 行 日    初版 2003年9月1日
            改訂 2006年6月10日
            改訂第二刷 2007年9月26日
著   者    蒲池　幹治
発 行 者    吉田　隆
発 行 所    株式会社 エヌ・ティー・エス
            〒113-0034　東京都文京区湯島 2-16-16
              TEL 03 (3814) 9150 (編集企画部)
                  03 (3814) 9151 (営業部)
            http://www.nts-book.co.jp/
本文イラスト  繻密画工房　http://www.saimitu.com
装丁・扉    坂　重輝 (有限会社グランドグルーヴ)
印   刷    開成堂印刷株式会社

©2006 蒲池幹治    ISBN978-4-86043-124-2　C3043
```

図 5-1　和書の奥付

　また、すべての図書に初版は存在するので、版次は第 2 版以降から書く。
　そうすると、図 5-1 の図書は次のように示される。

蒲池幹治. 高分子化学入門: 高分子の面白さはどこからくるか. 改訂版, エヌ・ティー・エス, 2006, 305p.

　著者は、奥付の著者の項目から、姓名をスペースを入れないで書く。奥付の「発行者」あるいは「編集発行人」などに書かれているのは、出版社の社長などであって、著者ではないので間違えないようにする。複数の著者がいる場合は、「, 」(コンマ) で区切って書く。
　書名は、記載されているように書く。「図解」や「ビジネスマンのための」など書名の前に小さな活字でかかれた修飾語があったら、書名として書いてよい。この図書は書名の頭に「改訂」とあるが、これは

版次なので版表示として書く。副書名は「: 」(コロン)の後に続ける。書名は、とにかくそのまま書けばよい。

　版と刷は混同されやすいので説明しよう。図書は、原稿を元に版下が作成されるが、この一番初めに作成された版下を、初版あるいは第1版という。この初版で最初に印刷されたのが第1刷(初刷ともいう)である。そのあと、同じ初版を使って第2刷、第3刷と増刷が行われる。さらに、版下の改訂が行われると、これが第2版となり、その版下でまた第1刷、第2刷と印刷される。

　図5-1の奥付には、「初版2003年9月1日」「改訂2006年6月10日」「改訂第二刷2007年9月26日」と記述されている。つまり、2003年に第1版が作成され出版されている。そのあと、2006年に改訂版が出版され、この図書は翌年2007年に印刷された、改訂版の第2刷であることがわかる。そこで、この図書の版次は改訂版で、出版年は2006年となる。版によって、図書の情報内容は変更されるので、何版であるか、その版を作成した出版年がいつかは正確に書く必要がある。なお、「刷」は書誌要素としては必要ではない。

　以上のように、出版年は、最新の版の第1刷の年を西暦で書く。平成で記述されていても、欧文と統一をするため西暦に直して書く。

　出版者は、出版会社のことが多く、奥付には「発行所」と書かれている。株式会社や財団法人などの呼称は省いてよい。

　総ページは、ページ数の後に「p.」をつける。小文字で書くことと、省略のピリオドを忘れないようにする。

　もしこの図書の1部分を参照した場合には、

蒲池幹治. 高分子化学入門: 高分子の面白さはどこからくるか. 改訂版, エヌ・ティー・エス, 2006, p.112-114.

蒲池幹治. 高分子化学入門: 高分子の面白さはどこからくるか. 改訂版, エヌ・ティー・エス, 2006, p.112.

のように、参照したはじめのページと終わりのページを「p.」を前にして書く。

なお、書誌要素の最後のピリオドは忘れないで書く。ピリオドを忘れると、書誌要素の記述が途中だと誤解されてしまう。ただし、シリーズ名がなく、総ページで終わる場合は「p..」となるので、最後のピリオドは省略する。

b. 洋書

洋書の書誌要素を求める箇所は、表紙や背表紙だけではなく、標題紙やその裏の記載も参考にするとよい。標題紙の裏には、米国議会図書館の目録データ (Library of Congress Cataloging-in-Publication Data) や英国図書館の目録データ (British Library Cataloguing-in-Publication Data) が印刷されている場合がある。ここに、主な書誌要素が含まれているので参考にする。

図 5-2 は、洋書の標題紙とその裏の一部分である。この洋書 1 冊を参照文献として書いてみよう。

図書 1 冊の基本形は、和書と同様以下のとおりである。

> 著者名. 書名: 副書名. 版表示 *, 出版者, 出版年, 総ページ数, (シリーズ名, シリーズ番号).

* 初版は記入しなくてよい

これに倣って、図 5-2 から、著者の書誌要素（著者名）、標題の書誌要素（書名: 副書名）、出版の書誌要素（版表示, 出版者, 出版年, 総ペー

> **The History of the English Language**
> *Second Edition*
>
> Richard Larke

> Published by Chambers Company, Inc.
> Copyright ©2007 Chambers Company, Inc.

図 5-2　洋書の標題紙と標題紙裏

ジ数, シリーズ名, シリーズ番号）を順番に読み取り、それぞれの書誌要素のグループの終りは「.」（ピリオド）をうち、同じ書誌要素のグループの中は「,」（コンマ）で区切る。

　総ページは、最後のページ数を書けばよい。この図書の総ページは 148 ページである。

　また、版次が初版の場合は、すべての図書に初版は存在するので省略し、第 2 版以降から書く。

　そうすると、図 5-2 の図書は次のように示される。

Larke, Richard. The History of the English Language. 2nd ed., Chambers, 2007, 148p.

　著者名は、姓名の順に書くので、姓を前にし、姓のあとに「,」（コンマ）をつけて転置したことを明示する。もし複数の著者がいる場合には、著者名の間を「;」（セミコロン）で区切る。日本人名のように「,」で区切ると、姓を転置した「,」と混同しやすくなるため、ここだけ句読点の使い方が和文と異なる。

書名は、冠詞、接続詞、前置詞を除く各語の初字を大文字で書き、副書名は「:」(コロン)に続けて書く。ただし、書名の最初の語の初字は必ず大文字で書く。

　版次は、第2版なので、「2nd ed.」のように省略して書けばよい。「ed.」は「edition」の略語である。初版ならば省略してよい。和書と同様に、最新の版次を書く。

　出版者は、「Publishers」「Inc.」「Co.」などの呼称は省いてよい。

　出版年は、©(マルシーマーク)の年を書く。©は著作権表示で発行年と著作権者名が書かれている。

　総ページは、ページ数の後に「p.」をつける。小文字で書くことと、省略のピリオドを忘れないようにする。

雑誌記事

ａ．和雑誌

　雑誌の1記事の基本形は次のとおりである。

> 著者名. 記事タイトル: 副タイトル. 雑誌名. 出版年,
> 巻数(号数), はじめのページ－終わりのページ.

　これらの書誌要素を求める箇所は、まず、その記事のタイトルが書かれている標題紙である。標題紙からは、少なくとも「著者名」、「記事タイトル」、「はじめのページ」が得られる。標題紙から求められない書誌要素、「雑誌名」、「出版年」、「巻数」、「号数」は、雑誌の表紙や裏表紙、編集後記などが記述されている図書の奥付に当たる部分から求める。「終わりのページ」は、雑誌記事の最後のページをみる。

　しかし、学術雑誌では、通常図5-3のように、標題紙から大部分の

引用・参考文献の書き方

```
■資料■特集　江戸情緒　東京下町の街あかり：東京支部

                   隅田川の花火
                Fireworks on the Sumida River

◀キーワード：花火，隅田川，コンクール，歴史
◀KEYWORDS : fireworks, Sumida River, contest, history      吉　田　忠　雄
                                                            Tadao Yoshida
```

〈標題紙上部〉

386　　　　　　　　　　照明学会誌　第92巻　第7号　平成20年

〈標題紙下部〉

図 5-3　和雑誌の標題紙

書誌要素が書けるようにレイアウトされていて便利である。

では、この図 5-3 を見ながら、この雑誌記事を書いてみよう。

著者は、「吉田忠雄」、タイトルは、「隅田川の花火」だが、この記事は「特集　江戸情緒　東京下町の街あかり：東京支部」という特集タイトルがついている（「資料」は省いてよい）。

雑誌名、巻号、出版年は、標題紙右下に記載されている。このように学術雑誌では、標題紙の左右上下の端の「柱」と呼ばれている部分に、必要な書誌要素が印刷されていることが多い。この部分に、はじめのページと終わりのページが記載されていることもあり、雑誌の1記事に必要な書誌要素が、すべて標題紙で求められる。

この記事のはじめのページは 386 ページで、終わりのページは、388 ページとなっている。

そこで、この記事は次のとおりとなる。

吉田忠雄. 特集, 江戸情緒東京下町の街あかり, 東京支部: 隅田川の花火. 照明学会誌. 2008, 92(7), p.386-388.

　特集名の区切りはコンマでわかるように区切ればよい。記事のタイトルとの間は「: 」で区切る。
　出版年は、西暦で統一する。
　巻号は、いろいろな書き方があるが、最も簡単で英文でも通用する「巻（号）」の書き方を勧める。「vol. no.」でもよいが、大文字小文字が入り乱れる可能性がある。なお、通巻号と巻号が併記されている場合には、巻号を優先して書くとよい。
　この雑誌のページは、各号ごとに1ページから付与されるのではなく、各巻ごとに通してページが付けられる、いわゆる通巻ページになっている。学術雑誌では、このような通巻ページを採用していることが多い。図書館では、雑誌のバックナンバーを普通1巻ごとに製本している。そのため、通巻ページならば、その巻を手にして図書のようにページだけで探せるので便利である。このような理由から、各号ページと通巻ページがあった場合には、通巻ページを優先して書く。

b. 洋雑誌
　洋雑誌の1記事の書誌要素を求める箇所は、和雑誌の記事と同様に、まず、その記事の標題紙である。図5-4は、学術雑誌なので、標題紙に必要十分な書誌要素が記載されている。このように標題紙で求められない場合は、雑誌の表紙、およびマストヘッドと呼ばれる、雑誌の目次ページや表紙の裏にある、誌名や発行所、刊行頻度などが書かれた部分から求める。
　雑誌の1記事の基本形に倣って、図5-4の雑誌記事を書いてみよう。

引用・参考文献の書き方

> 著者名. 記事タイトル. 雑誌名. 出版年, 巻数 (号数),
> はじめのページ - 終わりのページ.

Genes and Environment, Vol. 30, No. 4 pp. 150-159 (2008)

Regular article

Theoretical and Experimental Approaches to Address Possible Thresholds of Response in Carcinogenicity[1]

Kirk T. Kitchin[2]

Environmental Carcinogenesis Division, National Health and Environmental Effects Research Laboratory
Research and Development, U.S. Environmental Protection Agency, USA

図 5-4　洋雑誌の標題紙

著者は、「Kirk T. Kitchin」であるが、著者名は、姓名の順に転置して、「Kitchin, Kirk T.」とする。

論文名は、各語の初字が大文字になっているが、初語の初字のみ大文字で書く。副タイトルがあれば「:」で区切って書く。

雑誌名、出版年、巻号、ページは、左上に記述されている。雑誌名は、冠詞や前置詞、接続詞を除いて、各語の初字は大文字で書くので、記載のとおりでよい。巻号「Vol.30, No.4」は「30(4)」と書く。

この記事は通巻ページで 150 ページから 159 ページまでの 10 ページの記事であるから、「p.150-159」と書く。記事タイトルと各書誌要素のグループの終わりは「. 」（ピリオド）をつける。最後のピリオドも忘れないように付与する。

これをまとめると、次のように示される。

Kitchin, Kirk T. Theoretical and experimental approaches to address possible thresholds of response in carcinogenicity. Genes and Environment. 2008, 30(4), p.150-159.

電子ジャーナルの1論文

a. 和文

　最近は電子ジャーナルデータベースで雑誌記事を検索、入手する機会も多い。

```
http://ci.nii.ac.jp/naid/110006668328
```
〈URL〉

収録誌

教育心理学研究
The Japanese journal of educational psychology

Vol.56, No.1(20080330) pp. 44-56
日本教育心理学会 ISSN:00215015

〈論文詳細情報〉

44　教育心理学研究, 2008, 56, 44−56

「問題行動」を示す児童とのかかわりに対する
教師の評価に関する検討

竹　村　洋　子[*]

〈本　文〉

図 5-5　電子ジャーナル（和文）

　図 5-5 は、国立情報学研究所の論文データベース CiNii で入手した電子ジャーナルの記事の書誌要素や抄録が書かれている「論文詳細情報」と本文の PDF 版である。この雑誌記事が印刷媒体ならば、次のよ

引用・参考文献の書き方

うになる。

　竹村洋子.「問題行動」を示す児童とのかかわりに対する教師の評価に関する検討. 教育心理学研究. 2008, 56(1), p.44-56.

　電子ジャーナルの場合は、この後に、URL とこの記事を入手した年月日を書く。読み手は、URL にアクセスすることによって、迅速にその雑誌記事を入手することができる。
　そこでこの電子ジャーナルの書誌事項は、次のようになる。

　竹村洋子.「問題行動」を示す児童とのかかわりに対する教師の評価に関する検討. 教育心理学研究. 2008, 56(1), p.44-56.
　http://ci.nii.ac.jp/naid/110006668328/, (参照 2008-11-22).

　このように、電子媒体の文献の書誌要素は、原則的にいえば、印刷媒体の書誌要素と同様に書き、そのあとに「媒体表示」「入手方法」「入手日付」を示せばよい。URL を書く場合は、インターネットであることがわかるのであえて「媒体表示」にたとえば「オンライン」などと書く必要はないだろう。しかし、CD-ROM などの場合は書いたほうがよい。

b. 英文

　図 5-6 は、Japanese Society of Allergology の電子ジャーナル Allergology International の 1 記事の標題ページである。この Web ページに、著者名、記事タイトル、雑誌名、出版年、巻数 (号数)、はじめのページ－終わりのページが記載されているので、これを読み取って次のように書く。

> http://ai.jsaweb.jp/pdf/055030215.pdf
> 〈URL〉
>
> *Allergology International. 2006;55:215-223*
>
> ━━━━━━━━━━ REVIEW ARTICLE ━━━
>
> # Airway Smooth Muscle and Asthma
>
> Brian G Oliver[1] and Judith L Black[1]
>
> 〈標題誌上部〉
>
> Allergology International Vol 55, No3, 2006 www.jsaweb.jp/　　215
>
> 〈標題誌下部〉

図 5-6　電子ジャーナル（英文）

Oliver, Brian G.; Black, Judith L. Airway smooth muscle and asthma. Allergology International. 2006, 55(3), p.215-223, http://ai.jsaweb.jp/pdf/055030215.pdf, (accessed 2009-02-20).

　著者名は、姓名の順に転置するが、複数いる場合には、各著者名の間を「;」で区切る。記事タイトルは、最初の単語の初字のみ大文字にして、あとはその言語の慣習にしたがう。雑誌名は、前置詞や冠詞、接続詞を除いて、各単語の初字のみを大文字とする。

　以上の印刷媒体と共通する雑誌記事の書誌要素を書いたあと、注記的な書誌要素として、URL と入手年月日を書く。

引用・参考文献の書き方

Web サイトと Web ページ

Web サイトや Web ページを参照する場合も多くなってきた。Web サイトや Web ページの基本形は次のとおりである。

著者名. "Web ページのタイトル". Web サイトの名称. 更新日付. 入手先, (参照年月日).

図 5-7　Web サイト

図 5-7 は、科学技術振興機構の SIST（科学技術情報流通技術基準）のサイトのトップページである。このサイトを書いてみよう。

著者は画面右上に書いてある「科学技術振興機構」である。団体著者名の「独立行政法人」は省く。

これは Web ページではないので Web ページのタイトルはない。Web サイトの名称は、「SIST: 科学技術情報流通技術基準」である。更

第5章　参照文献を書いてみよう

新日付は画面上では見つからない。入手先は、URL の「http://sist-jst.jp/」である。そのあと参照年月日を書く。

そうすると、

科学技術振興機構. SIST: 科学技術情報流通技術基準.
　http://sist-jst.jp/, (参照 2008-08-16).

となる。

では、Web サイトの中の Web ページを参照する場合はどう書いたらよいか。

図 5-8 はこの SIST のサイトの中のひとつのページである。このページの中の文章を引用したと仮定して書くと次のようになる。

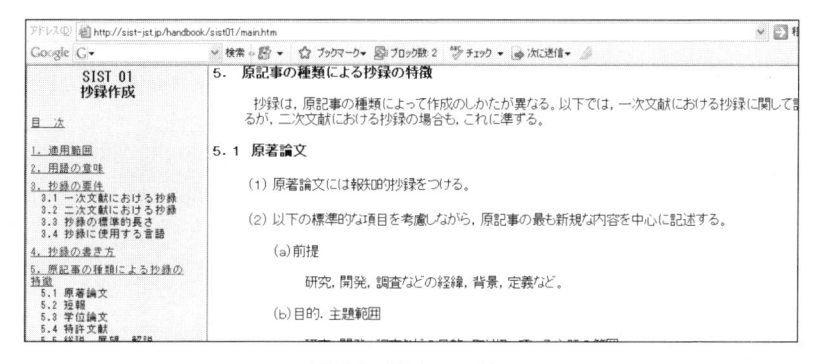

図 5-8　Web ページ

科学技術振興機構. "SIST01 抄録作成, 5. 原記事の種類による抄録の特徴". SIST: 科学技術情報流通技術基準. http://sist-jst.jp/handbook/sist01/main.htm, (参照 2008-08-16).

Web ページのタイトルは、リンクをたどりながら、上位から下位の

タイトルを書き、「""」（引用符）で囲む。タイトルを読んで読者が意味をつかめるように配慮する。

次に全体のサイト名と更新日付を書くが、この例は更新日付が画面上に見つからないので記述しない。そのあとに、WebページのURLと参照年月日を示す。

書誌要素の確認方法

正確な書誌要素は、信頼性のある二次資料で確認することができる。たとえば、国立国会図書館の蔵書目録（NDL-OPAC）の書誌検索（http://opac.ndl.go.jp/）、学術雑誌の記事ならば、同じくNDL-OPAC雑誌記事索引検索（http://opac.ndl.go.jp/）や国立情報学研究所の論文データベースCiNii（http://ci.nii.ac.jp/）などを利用するとよい。どちらも無料でインターネットからアクセスできる。

自分の大学図書館や公共図書館の所蔵資料ならば、その図書館の蔵書目録で確認できる。

洋図書ならば、米国議会図書館蔵書目録（http://catalog.loc.gov/）や英国図書館蔵書目録（http://www.bl.uk/catalogues/listings.html）がインターネットで公開されているので、正確な書誌要素を調べることができる。その他の国々の国立図書館の蔵書目録も同様に利用できる。

欧文の雑誌記事の検索は、専門分野ごとに雑誌記事索引データベースが存在する。有料のものも多いが、書誌要素だけならば無料で調べられる雑誌記事索引データベースもある。詳しくは図書館の図書館員に相談してみてほしい。

第5章 参照文献を書いてみよう

練習問題（答えは127ページ）

問題1

　下記にリストされている8つの参照文献の資料の種類ならびに書誌レベルは何でしょう。次のものから選びなさい。

　　　①図書
　　　②図書の1部分
　　　③雑誌記事
　　　④会議資料の1論文
　　　⑤レポート

1. 青森県教育庁文化財保護課編. 三内丸山遺跡32. 青森県教育委員会, 2007, 青森県埋蔵文化財調査報告書第444集, 旧野球場建設予定地発掘調査報告書8 (掘立柱建物跡 (2)), 135p.
2. Dockrill, Michael L.; Hopkins, Michael F. The Cold War, 1945-1991. 2nd ed., Palgrave Macmillian, 2006,188p., (Studies in European History)., ISBN1403933383.
3. 堤浩之, 後藤秀昭. 四国の中央構造線断層帯の最新活動に伴う横ずれ変位量分布. 地震. 2006, 59(2), p.117-132.
4. 名和小太郎. エジソン理系の想像力. みすず書房, 2006, p.47-48, (理想の教室).
5. 古崎晃司ほか. 溝口理一郎編. オントロジー構築入門. オーム社, 2006, 195p.
6. Osman, Magda. Positive transfer and negative transfer/antilearnig of problem solving skills. Journal of Experimental Psychology, General. 2008, 137(1), p.97-115, doi:10.1037/0096-3445.137.1.97.

7. 中後大輔ほか. " 介護における起立動作支援システムの開発 ". 第 12 回ロボティクスシンポジア予稿集. 長岡, 2007-03-12/16, 日本ロボット学会, 日本機械学会, 計測児童制御学会. 第 12 回ロボティクスシンポジア実行委員会, 2007, p.94-99.
8. 信田聡. " 室内環境での VOC と換気 ". 香りと環境. 谷田貝光克, 川崎通昭編. フレグランスジャーナル社, 2003, p.220-227, (アロマサイエンスシリーズ 21, 4).

問題 2

次の参照文献の書き方に間違いがある。それを指摘しなさい。

1. 遠藤和彦. 特集, トランジスタはどこまで小さくなるか 1: 半導体デバイスの歴史と今後の展開, 微細化と三次元化の流れ. 電気学会誌. 2008, 128(3), 151p.
2. Joseph S. Nye,Jr. Understanding International Conflicts: An Introduction to Theory and History. 6th ed., Pearson Longman, 2007, 301p., (Longman Classics in Political Science).
3. 読売新聞, 2008-03-13. YOMIURI ON-LINE, http://www.yomiuri.co.jp/science/news/20080313-OYT1T00634.htm, (参照 2008-03-14).

問題 3

次の 1 〜 6 は、各資料の書誌要素を求める箇所を示している。正しく書誌事項を書きなさい。

図から読み取れないページの書誌要素は見出しのあとに補記している。総ページと参照ページを示したので、図書 1 冊あるいは図書の 1 部分の両方を書いてみよう。

第5章　参照文献を書いてみよう

1. 和書（総ページは 195 ページ、参照ページは 62 ページから 64 ページ）

仰臥漫録
ぎょうがまんろく

1927 年 7 月 10 日　第 1 刷発行
1983 年 11 月 16 日　第 15 刷改版発行
2006 年 9 月 25 日　第 51 刷発行

著　者　正岡子規
　　　　まさおかしき
発行者　山口昭男
発行所　株式会社　岩波書店
〒101-8002　東京都千代田区一ツ橋 2-5-5
案内 03-5210-4000　販売部 03-5210-4111
文庫編集部 03-5210-4051
http://www.iwanami.co.jp/
印刷・三陽社　カバー・精興社　製本・中永製本

ISBN 4-00-310135-9　　Printed in Japan

〈奥付〉

〈解答欄〉

引用・参考文献の書き方

2. 翻訳書（総ページ595ページ、参照ページは522ページから533ページ）

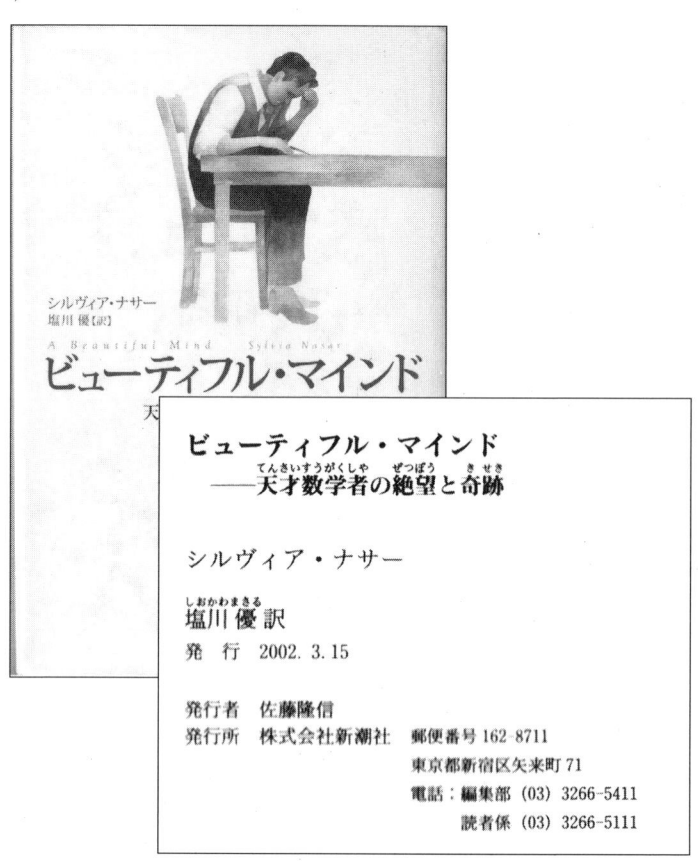

ビューティフル・マインド
――天才数学者の絶望と奇跡

シルヴィア・ナサー

しおかわまさる
塩川 優訳
発　行　2002. 3. 15

発行者　佐藤隆信
発行所　株式会社新潮社　郵便番号 162-8711
　　　　　　　　　　　　東京都新宿区矢来町71
　　　　　　　　　　　　電話：編集部 (03) 3266-5411
　　　　　　　　　　　　　　　読者係 (03) 3266-5111

〈奥付〉

〈解答欄〉

3. 洋書（総ページは 428 ページ、参照ページは 283 ページ）

> # HOW TO USE YOUR LIBRARY
>
> *Third Edition*
>
> James Johnson
> Peter Wardle
> Francis Christie
>
>
> COOPER EDUCATION, INC.
> New York

〈標題紙〉

©1998, 2002, 2006 by Cooper Education, Inc.
All rights reserved. Published 2006
First edition published 1998. Second edition 2002. Third edition 2006.

〈標題紙裏〉

〈解答欄〉

引用・参考文献の書き方

4. 和雑誌の 1 記事

〈表紙〉

THE JOURNAL OF INFORMATION SCIENCE AND TECHNOLOGY ASSOCIATION　ISSN 0913-3801

情報の科学と技術　●Vol.58 ●2008 ●No.2 45-94

〈標題誌上部〉

UDC 655.411/.413：621.39：681.32.004.54"405"：02：002.5

電子ジャーナルの長期保存-LOCKSS と Portico

時　実　象　一*

〈標題誌下部〉

情報の科学と技術　58巻2号，84～88（2008）

〈解答欄〉

5. 和雑誌の1記事（電子ジャーナル）

```
http://ci.nii.ac.jp/naid/110003502996
```
〈URL〉

収録誌

日本家政学会誌
Journal of home economics of Japan

Vol.56, No.11(20051115) pp. 827-833
社団法人日本家政学会 ISSN:09135227

書誌情報

カンボジアにおける発酵米麺の製造方法と食し方について
Manufacturing Process and Cooking Method for Fermented Ric

池田 昌代 [1] 加藤 みゆき [2] 長野 宏子 [3] 阿久澤 さゆり [4] 大森 正司 [5]
IKEDA Masayo [1] KATOH Miyuki [2] NAGANO Hiroko [3] AKUZAWA Sayu

[1] 高崎健康福祉大学健康福祉学部　[2] 香川大学教育学部　[3] 岐阜大学教育学部　[4] 東京農
部

〈論文詳細情報〉

〈解答欄〉

6. 洋雑誌の1記事（電子ジャーナル）（最終ページは358ページ）

http://www.jstage.jst.go.jp/article/jfst/2/2/2_346/_article
〈URL〉

Journal of Fluid Science and Technology

Vol. 2, No. 2, 2007

〈標題誌上部〉

Experimental Studies of Coaxial Jet Flows*

Parviz BEHROUZI** and James J. McGUIRK**
** Department of Aeronautical and Automotive Engineering, Loughborough University, Loughborough, Leicestershire, LE11 3TU, UK

〈標題誌タイトル部分〉

*Received 19 Feb., 2007 (No. 07-0095)
[DOI: 10.1299/jfst.2.346]

346

〈標題誌下部〉

〈解答欄〉

第5章　参照文献を書いてみよう

解　答

問題 1　（　）内の番号は第 4 章の項目番号を示す。

1. ⑤（98 参照）2. ①（24 参照）3. ③（45 参照）　4. ②（31 参照）
5. ①（10 参照）6. ③（61 参照）7. ④（109 参照）8. ②（37 参照）

問題 2　（　）内の番号は第 4 章の項目番号を示す。

1. 「151p.」は総ページを意味している。あるいは記事のはじめのページのみを示しているようにもみえる。「p.151.」「p.151-153.」のように「p.」を前に書いてはじめのページと終わりのページを書けば誤解されることはない（49 参照）。最後のピリオドも忘れずに付与し、飛びページなどなく、出版に関する書誌要素が終わったことを示す。

2. 「Joseph S. Nye, Jr.」を「Nye, Joseph S., Jr.」と姓名の順とする（23 参照）。

3. 新聞記事のタイトルがない（71 参照）。

問題 3

1. 正岡子規. 仰臥漫録. 改版, 岩波書店, 1983, 195p., (岩波文庫).
   正岡子規. 仰臥漫録. 改版, 岩波書店, 1983, p.62-64, (岩波文庫).

2. ナサー, シルヴィア. ビューティフル・マインド: 天才数学者の絶望と奇跡. 塩川優訳. 新潮社, 2002, 595p.
   ナサー, シルヴィア. ビューティフル・マインド: 天才数学者の絶望と奇跡. 塩川優訳. 新潮社, 2002, p.522-533.

3. Johnson, James; Wardle, Peter; Christie, Francis. How to Use Your Library. 3rd ed., Cooper Education, 2006, 428p.

Johnson, James et al. How to Use Your Library. 3rd ed., Cooper Education, 2006, 428p.

Johnson, James et al. How to Use Your Library. 3rd ed., Cooper Education, 2006, p.283.

4. 時実象一. 電子ジャーナルの長期保存: LOCKSS と Portico. 情報の科学と技術. 2008, 58(2), p.84-88.

5. 池田昌代ほか. カンボジアにおける発酵米麺の製造方法と食し方について. 日本家政学会誌. 2005, 56(11), p.827-833. http://ci.nii.ac.jp/naid/110003502996, (参照 2008-10-28).

6. Behrouzi, Parviz; McGuirk, James J. Experimental studies of coaxial jet flows. Journal of Fluid Science and Technology. 2007, 2(2), p.346-358, doi:10.1299/jfst.2.346. http://www.jstage.jst.go.jp/article/jfst/2/2_346/_article, (2009-02-03).

付録　引用のしかた

　第1章で示したように、わが国の著作権法第32条および第48条に、他人の著作物の引用についての規定があり、具体的には、次のような要件を満たした場合に、公表された著作物を著作者の許諾を得ないでも引用できる。

　①引用の必然性があること。
　②自分の文章が主で、引用が従であること。
　③自分の文章と他人の文章を括弧でくくるなどして、区別をすること。
　④引用した著作物の出典を書くこと。

　以上のような要件を満たせば、どのような方法で引用してもよいが、第1章でも述べたように、大きく分けると、本文中の引用した部分に著者名と出版年を示し、文章の最後に著者名の順に配列するハーバード方式と、引用した部分に順番に番号を付けて番号順にリストするシカゴ方式がある。

　本書の出典の書き方は、シカゴ方式を前提にして書誌要素の記述順序が示されている。そこで本章では、このシカゴ方式を解説する。

　各分野の引用のしかたについては、各執筆規定や本書巻末の参考文献を参照ねがいたい。

文章の引用のしかた

　引用文は、原文を一語一語正確に写す。旧字を新字にしたり、句読点を削除したりしてはならない。ただし、外国の著作物を引用する場合には、翻訳してもよい。

　2、3行程度までの短い引用文は、例1のように、文の最初と最後を引用符（""）や括弧（「」）でくくる。そして、引用した著者名（例

引用・参考文献の書き方

1a)、あるいは引用文の後ろ（例 1b）、該当する箇所（例 2）の右肩に注番号を付与する。引用文の著者には、敬称はつけない。

例 1a：
　藤田[1]は、参照文献の書誌記述の要件とは、"識別性のある必要十分な書誌要素が書かれていることである"と述べている。

例 1b：
　藤田は、参照文献の書誌記述の要件とは、「識別性のある必要十分な書誌要素が書かれていることである」[1]と述べている。

例 2：
　本書は、「SIST02-2007 参照文献の書き方」[2]の考え方や記号法などに準拠している。

　長い引用文は、例 3 のように、引用符を使わずに引用文の上下各 1 行をあけ、引用文の頭を 3 字下げて書くと読者にわかりやすい。

例 3：
参照文献の書誌記述の要件について、藤田[3]は、

> 結局のところ、前に述べた参照文献の役割を満たすためには、出典には「誰が」「何というタイトルで」「いつ」「何という媒体に」発表したかが、どんな分野の読者にも明確にわかればよい。そして、誰でもが、その参照文献を読めば、入手しようかどうかの判断がつき、その文献に迅速にたどり着ければよいのである。これにつきる。…（略）…［参照文献で］問題になるのは、

必要十分な書誌要素が書かれていない場合である。

と述べている。

　例3のように、引用文中、その一部を省略したいときは、省略記号「･･･」や「･･･(略)･･･」のように記述すればよい。また、引用文の一部を補って、意味を明らかにするときは、補った部分を必ず角括弧（[ ]）でくくる。

文献リスト

　引用した文献の出典は、章末や巻末、論文の最後に番号順にリストする。例1から例3の文献リストは下記のようになる。

1）藤田節子. レポート・論文作成のための引用・参考文献の書き方. 日外アソシエーツ, 2009, p.9.
2）SIST02: 2007. 参照文献の書き方.
3）藤田節子. レポート・論文作成のための引用・参考文献の書き方. 日外アソシエーツ, 2009, p.8-9.

参考文献

(1) SIST02: 2007. 参照文献の書き方.

(2) American Psychological Association. Publication Manual of the American Psychological Association. 5th ed., APA, 2001, 439p. 訳書にアメリカ心理学会. APA論文作成マニュアル. 江藤裕之ほか訳. 医学書院, 2004, 374p. がある。

(3) Baker, David S.; Henrichsen, Lynn. APA Reference Style. 2002-10-17. http://linguistics.byu.edu/faculty/henrichsenl/apa/apa01.html, (accessed 2008-11-22).

(4) Gibaldi, Joseph. MLA Handbook for Writers of Research Papers. 6th ed., Modern Language Association of America, 2003, 361p. 訳書に、ジバルディ, ジョセフ. MLA英語論文の手引き. 樋口昌幸訳. 原田敬一監修. 6th ed., 北星堂書店, 2005, 401p. がある。

(5) Modern Language Association. MLA Style Manual and Guide to Scholarly Publishing. 3rd ed., MLA, 2008, 336p.

(6) The University of Chicago. The Chicago Manual of Style Online. 15th ed., Univ. Chicago Press, 2007. http://www.chicagomanualofstyle.org/about15.html., (accessed 2008-11-23).

冊子体は The University of Chicago. The Chicago Manual of Style. 15th ed., Univ. Chicago Press, 2003, 956p.

関連規格

<全般>

(1) ISO 690:1987. Documentation — Bibliographic references — Content, form and structure.

(2) ISO 690-2:1997. Information and documentation — Bibliographic references — Part 2: Electronic documents or parts thereof.

(3) JIS X 0807:1999. 電子文献の引用法.

<翻字・ローマ字書き>

(1) ISO 9:1995. Information and documentation — Transliteration of Cyrillic characters into Latin characters — Slavic and non-Slavic languages. (キリル文字).

(2) ISO 233:1984. Documentation — Transliteration of Arabic characters into Latin characters. (アラビア文字).

(3) ISO 233-2:1993. Information and documentation — Transliteration of Arabic characters into Latin characters — Part 2: Arabic language — Simplified transliteration. (アラビア語 − 簡略翻字).

(4) ISO 233-3:1999. Information and documentation — Transliteration of Arabic characters into Latin characters — Part 3: Persian language — Simplified transliteration. (ペルシャ語 − 簡略翻字).

(5) ISO 259:1984. Documentation — Transliteration of Hebrew characters into Latin characters. (ヘブライ語).

(6) ISO 259-2:1994. Information and documentation — Transliteration of Hebrew characters into Latin characters — Part 2: Simplified transliteration. (ヘブライ語 − 簡略翻字).

(7) ISO 843:1997. Information and documentation — Conversion of

Greek characters into Latin characters. (ギリシャ文字).

(8) ISO 3602:1989. Documentation － Romanization of Japanese (kana script). (日本語かな文字).

(9) ISO 7098:1991. Information and documentation － Romanization of Chinese. (中国語).

(10) ISO 9984:1996. Information and documentation － Transliteration of Georgian characters into Latin characters. (グルジア文字).

(11) ISO 9985:1996. Information and documentation － Transliteration of Armenian characters into Latin characters. (アルメニア文字).

(12) ISO 11940:1998. Information and documentation － Transliteration of Thai. (タイ語).

(13) ISO/TR 11941:1996. Information and documentation － Transliteration of Korean script into Latin characters. (韓国文字).

(14) ISO 15919:2001. Information and documentation － Transliteration of Devanagari and related Indic scripts into Latin characters. (デーバナーガリー及び関連インド文字).

<略記法>

(1) SIST 05:2007. 雑誌名の表記.

(2) SIST 06:2007. 機関名の表記.

(3) JIS X 0304:1999. 国名コード.

(4) JIS X 0412-1:2004. 言語名コード－第1部 : 2文字コード.

(5) JIS X 0412-2:2004. 言語名コード－第2部 : 3文字コード.

(6) JIS X 0801:1989. 雑誌名の情報交換用略記方法.

(7) JIS X 0802:1989. 機関名の情報交換用表記方法.

(8) ISO 4:1997. Information and documentation － Rules for the abbreviation of title words and titles of publications.

(9) ISO 639-1:2002. Codes for the representation of names of languages — Part 1: Alpha-2 code.

(10) ISO 639-2:1998. Codes for the representation of names of languages — Part 2: Alpha-3 code.

(11) ISO 832:1994. Information and documentation — Bibliographic description and references — Rules for the abbreviation of bibliographic terms.

(12) ISO 3166-1:1997. Codes for the representation of names of countries and their subdivisions — Part 1: Country codes.

(13) ISO 3166-2:1998. Codes for the representation of names of countries and their subdivisions — Part 2: Country subdivision code.

(14) ISO 3166-3:1999. Codes for the representation of names of countries and their subdivisions — Part 3: Code for formerly used names of countries.

＜日付の表記＞

(1) JIS X 0301:2002. 情報交換のためのデータ要素及び交換形式— 日付及び時刻の表記.

(2) ISO 8601:2004. Data elements and interchange formats — Information interchange — Representation of dates and times.

索　引

1. この索引は、本書の本文（「はじめに」から第5章（練習問題を除く）と付録）に現れた主な事項を検索するために作成した。「第4章 参照文献の具体例な書き方」については、本文や見出し項目、基本形を主な対象として索引語を抽出した。したがって、第4章の個々の具体例を、資料の種類や書誌レベル、特定の書誌要素から探すには、42-52ページの索引の方が適している。
2. 資料名は『』でくくっている。
3. 索引語の直後や下の（　）は、その語を限定している。索引語を含む語句は、その位置を──で示し、索引語の下にまとめた。
4. 参照は、「→」（を見よ参照）および「⇒」（をも見よ参照）で示した。
5. 索引語のあとの数字は、本文のページを示している。
6. 配列は、和文を前置し、索引語のよみの五十音順で配列している。長音、中黒は無視し、拗音と促音は直音とし、濁音と半濁音は清音としている。ローマ字で始まる索引語は後置し、アルファベット順に配列した。

【あ】

アルバムタイトル ………… 94
アンソロジーの1作品 ……… 64,65

【い】

引用のしかた ………… 5-6,129-131
引用の要件 ………………… 3-4,129
引用符 ……………… 22,74-75,118
引用文献 ……………………… ii,2

【え】

映画
　　──の基本形 ………… 93
　　──の具体例 ………… 93
映画名 ……………………… 93
英国図書館蔵書目録 ………118
英国図書館目録データ …… 17,107
映像資料　　⇒映画
　　演劇の── ……………… 93

コンサートの── ………… 94
絵本 ………………………… 56
演劇 ………………………… 93

【お】

欧文個人著者名 ……… 25,108
　　──の省略 ………… 25-26,59
　　複数の── ………… 25,59
欧文文献で和文文献を参照する
　　場合 …………… 18,29,71
大文字使用 …… 19,109,112,115
奥付 ………………… 17,104,105
音楽　　⇒映像資料
　　──の録音資料 ………… 94
オンライン ………………… 35

【か】

会議開催期間 ………………… 31
会議開催地 …………………… 30

索引

複数の―― …………… 88
会議主催機関名 ……………… 30
　――の省略 ……… 30,88,89-90
　複数の―― …………… 88
会議資料 1 冊
　――の基本形 …………… 88
　――の具体例 …………88-89
会議資料の 1 論文
　――の基本形 …………… 89
　――の具体例 …………89-91
　雑誌に掲載された―― …90-91
会議資料名 ……………… 30
会議報告書 ……… 88,89,90
会議報告書名 ……………… 30
会議要旨集 …………… 88
会議予稿集 …………… 90
会議予稿集名 ……………… 30
外国語文献を和文や欧文文献で
　参照する場合 ……………… 19
画家名 ………………… 56
かぎ括弧 ………………… 98
学位授与年 …………… 91
学位請求論文の種類 …………… 91
学位のついた名前 …………… 25
角括弧 ………… 22,32-33,98
肩書のついた名前 …………… 25
カタカナの著者名 ……24-25
楽曲タイトル …………… 94
巻号 ……………… 33,111,112
　――と通巻号がある場合 …33,68
　号数のみの場合 ……… 33,68
巻号なし …………… 73
巻次 …………………28-29
監修者と著者がいる場合 …55-56
監修者名 ……… 27,55-56
巻数 ………… 34,56-57
監督者名 …………… 93

【き】

規格
　――の基本形 …………… 84

　――の具体例 …………… 84
規格制定年 …………… 84
規格タイトル …………… 84
規格番号 …………… 84
記事タイトル ……… 29,66,75
基本形 …………… 40
　（映像資料）…………… 93
　（音楽）…………… 94
　（会議資料 1 冊）…………… 88
　（会議資料の 1 論文）…………… 89
　（規格）…………… 84
　（雑誌記事）……… 66,109,112
　（参考図書の 1 部分）…………… 77
　（新聞記事）…………… 75
　（政府刊行物）…………… 82
　（テレビ・ラジオ番組）…………… 92
　（図書 1 冊）……… 53,104,107
　（図書の中の 1 部分（編纂書以外））
　　…………………… 61
　（博士論文）…………… 91
　（パンフレット）…………… 83
　（判例）…………… 91
　（編纂書の中の 1 部分）…………… 63
　（レポート 1 冊）…………… 84
　（レポートの 1 部分）…………… 86
　（Web サイト・Web ページ）
　　…………………95,116
脚本家名 …………… 93
紀要 ………………… 69

【く】

句読点法
　（横書き）………………21-22
　（縦書き）…………… 98
具体例
　――が見つからない場合 …41-42
　――の索引の使い方 ………40-41
　――の連番号 ………40,41

引用・参考文献の書き方

【け】

言語表示 …………………………… 36
原作者名 …………………………… 93
原書名 ……………………… 29,37
原著者名 …………………… 24-25

【こ】

公開年月日 ………………………… 32
更新年月日 ………………………… 32
号数のみの場合 ……………… 33,68
項目名 ……………………………… 77
国際 DOI 財団 ……………………… 97
国立国会図書館雑誌記事索引 …118
国立国会図書館蔵書目録 … 17,118
個人著者名 ………………… 24-26
　　→和文個人著者名,欧文個人著者名
個人編者名 ………………… 27,54,60
　　→個人著者名
　複数の—— ………… 27,55,60,78
コロン …22,28,29,106,109,111,112
コンサートの映像資料 …………… 94
コンマ …… 21,22,24,25,34,35,104,
　　　　　　　105,108,111

【さ】

裁判所名 …………………………… 91
作詞者名 …………………………… 94
作品集の1作品 …………… 64,65
作曲者名 …………………………… 94
刷次 ………………………………… 106
雑誌記事
　　——の書き方
　　　（洋雑誌）…………… 111-112
　　　（和雑誌）…………… 109-111
　　——の基本形 …… 66,109,112
　　——の具体例
　　　（洋雑誌）…………… 71-74
　　　（和雑誌）…………… 66-71
　　投稿中の—— …………… 36

雑誌記事タイトル ……… 29,66,75
雑誌名 ……………………… 29-30
　　——の略記 ……………………… 30
　　——の部や編 ……… 29,67-68
冊数 ……………………… 34,54,56-57
参考図書の1部分
　　——の基本形 …………………… 77
　　——の具体例
　　　（洋書）………………… 80-81
　　　（和書）………………… 77-80
参考文献 …………………………… ii,2
参照年月日 →入手日付
参照文献 …………………………… ii,2
　　→出典
　　——の書き方の違い ……… 6-8
　　——の信頼性 …………… 10-11
　　——の統一 ……………………… 10
　　——の役割 …… 2-3,8-9,41-42
　縦書きの—— …………… 98-101
不十分な—— ……………………… 9

【し】

シカゴ方式 ………………… 6,129
指揮者名 …………………………… 94
事件名 ……………………………… 91
辞書の1項目 ……………… 78-79,81
実演者名 …………………………… 94
事典の1項目 ……… 77-78,80-81
写真集 ……………………………… 56
ジャパンナレッジ ………………… 78
週刊誌 ………………………… 69,72,73
出演者名 …………………………… 93
出典 ………………………………… i,2,14
出典の明示 ……………………… 3,4
出版者 …………………… 31-32,106
　　→団体著者名
　　——の省略 ……… 32,106,109
　複数の—— ……………………… 81
出版者不明 ……………………… 32,88
出版地 ………………… 31,53-54,59-60
　複数の—— ……………………… 31

索引

出版に関する書誌要素 … 15,31-35
出版年 …………………32-33
　　→版次
　　雑誌の—— ……… 109,110,111
　　図書の—— …………106,109
　　——が異なる場合 … 32,56-57
出版年月日 ………………32,75
出版年不明 ………… 32-33,80,83
章毎のページ ……………34,85
章の参照 …………………62,63
章の著者と編者がいる場合… 28,64,65
書誌要素 …………………2,14
　　——の4つのグループ … 14-15
　　——の確認方法 ………17,118
　　——の句読点法 ………21-22
　　——の言語 ……………18-19
　　——の書体 ……………20-21
　　——の文字 ……………18-19
　　——の略記 ……………19-20
　　——を書く順序 ………15-16
　　——を見つける箇所 …17-18
　　（資料の1部分） … 18,109-110,
　　　　　　　　　　　　111-112
　　（洋雑誌） ……… 18,111-112
　　（洋書） ………… 17,107-108
　　（和雑誌） ……… 18,109-110
　　（和書） ………… 17,104-105
　　出版に関する—— …… 15,31-35
　　著者に関する—— …… 14,24-28
　　注記的な—— … 15,35-37,42
　　標題に関する—— … 14-15,28-31
書誌レベル ………… 16,74-75
書体 ………………………20-21
初版 ……… 31,53,58-59,106,108
書評記事 …………………70
書名 ………………………28-29
　　洋書 ……………………109
　　和書 ……………………105-106
シリーズ ……………………34
シリーズ番号 ……………34-35
シリーズ名 ………… 34-35,53,58

新聞記事
　　——の基本形 ……………75
　　——の具体例
　　（英字新聞） ……………77
　　（和文新聞） ……………76-77
新聞記事タイトル …………75
新聞記事データベース ……76
人文社会学系スタイル ……6-7

【す】

図鑑の1項目 ………………78
スラッシュ …………………22,31
刷　→刷次

【せ】

製作年 ………………………93
政府刊行物
　　→統計書、年鑑の1項目、白書の
　　　1項目
　　——の基本形 ……………82
　　——の具体例 ……………82
接尾辞のついた名前 … 25,57-58,59
セミコロン ……… 22,25,108,115
前置詞のついた名前 …… 27,72-73

【そ】

増刊号 ………………………69
叢書　　　→シリーズ
叢書名　　→シリーズ名
総ページ ………… 33,106,109

【た】

大学名 ………………………91
対談記事 ……………………70
ダッシュ ……………………98
縦書きの参照文献
　　——の書き方 ……………98-99
　　——の具体例 …………100-101

139

単一ページ … 33-34,61-62,63,107
団体著者名 ……… 26,54,59-60,69,
　　　　　　　　　83-84,84-85
　──の省略 …………… 26
　──の略記 …………… 26
　複数の── ………… 26,87
団体編者と著者がいる場合 …… 55
団体編者名 …………… 27,55,85
　→団体著者名
短編集　→作品集

【ち】

注記的な書誌要素 …… 15,35-37,42
朝夕刊 ……………………… 75
著作権記号　→Ⓒマルシーマーク
著作権法 ………… 3-4,11-12,129
著者に関する書誌要素 … 14,24-28
著者と監修者がいる場合 ……55-56
著者と個人編者がいる場合
　章の── …………… 27-28,65
　図書の── ………… 27,55
著者と団体編者がいる場合
　章の── …………… 27-28,64
　図書の── ………… 27,55
著者不明 ………………… 28
　（雑誌記事） ……………… 69
　（参考図書） ………… 78,81
　（新聞記事） ……………… 76
　（図書） ……………… 54
　（図書の1章） …………… 65
著者名 ……………… 24
　→個人著者名、団体著者名

【つ】

通巻号と巻号がある場合 …… 33,68
通巻ページ ………… 34,111,112
　──と各号ページがある場合
　　　……… 34,67-68,111

【て】

テレビ番組 ……………… 92
　──の基本形 …………… 92
　──の具体例 …………… 92
電子辞書の1項目 ………… 79
電子ジャーナルの1論文
　……… 70-71,73-74,113-115
電子新聞 ……………… 76-77
電子地図 ……………… 80
電子図書 ……………… 56
電子媒体の書き方 ……… 35,40
電子媒体表示 …………… 35
電子白書の1項目 ………… 79
電子百科事典の1項目 …… 78
テンプレート ……………… v

【と】

同一性保持権 ……………… 4
統計書 …………… 79-80,81
投稿中の雑誌記事 ………… 36
特集記事 …… 29,68,72-73,110-111
特集記事全体 ……………… 69
特集名 …………… 29,110-111
読点 ……………………… 98
図書1冊
　──の書き方
　　（洋書） ………… 107-109
　　（和書） ………… 104-107
　──の基本形 …… 53,104,107
　──の具体例
　　（翻訳書） …………57-58
　　（洋書） ……………58-60
　　（和書） ……………53-57
図書の中の一部分（編纂書以外）
　──の書き方（和書） … 106-107
　──の基本形 …………… 61
　──の具体例
　　（翻訳書） …………… 62
　　（洋書） ……………… 63
　　（和書） ……………61-62

索引

飛びページ …………… 34,68,77

【な】

中黒 ……………………………… 98

【に】

日刊誌 …………………………… 69
日経テレコン 21 ………… 76
入手日付 ………… 36,114,115,117
入手方法 ……… 35-36,114,115,117

【ね】

年鑑の 1 項目 ……………… 80

【は】

媒体表示 …………………… 35
　（オンライン）……………… 35
　（テレビ番組）……………… 92
　（電子辞書）……………… 79
　（パンフレット）………… 83-84
　（マイクロフィルム）……… 35,54
　（CD）……………………… 94
　（CD-ROM）……………… 35,80
　（DVD）…………………… 35,93
　（LD）……………………… 94
　（microfiche）……………… 35
ハイフン …………… 22,31,32,33,34
ハイフンがついた名前 ……… 58,72
白書の 1 項目 ……………… 79
博士論文
　——の基本形 ……………… 91
　——の具体例 ……………… 91
柱 …………………………… 18,110
バックナンバー …………… 34,111
発行所 ……………………… 106
発行者 ……………………… 105
ハーバード方式 ………………… 5
番組シリーズ名 ……………… 92

番組タイトル ……………… 92
判決年月日 ………………… 91
版次 ………………………… 106
版表示 ……………… 31,106,109
パンフレット
　——の基本形 ……………… 83
　——の具体例 …………… 83-84
判例
　——の基本形 ……………… 91
　——の具体例 …………… 91-92
判例集名 …………………… 91
判例データベース ………… 92

【ひ】

標題紙
　（雑誌記事）… 18,109-110,111-112
　（図書）……………… 17,107-108
標題に関する書誌要素 … 14-15,28-31
ピリオド ……… 21-22,98,104,106,
　　　　　　　　107,108,109,112

【ふ】

副書名 ………………………… 28
複数の資料 …………………… 34
複数ページ ……… 33-34,62,63,66,
　　　　　　　　　　　106,112
副タイトル ………………… 29,66
文献リスト ………………… 131

【へ】

米国議会図書館蔵書目録 ……… 118
米国議会図書館目録データ … 17,107
ページ ……………………… 33,66,99
　章毎の—— ……………… 34,85
　総—— ……………… 33,99,106,109
　単—— … 33-34,61-62,63,107
　通巻—— ……………… 34,111,112
　通巻——と各号ページがある場合
　　………………… 34,67-68,111

141

飛び―― ………………… 34,68,77
　　複数―― ………… 33-34,62,63,66,
　　　　　　　　　　　　　106,112
　　論文別の―― ………………… 87
　　特定の番号 ………………… 34
　　pp. …………………………… 66
　ページなし ………………… 56,80,83
　編纂書の中の1部分
　　――の基本形 ………………… 63
　　――の具体例
　　　（翻訳書） …………………… 65
　　　（洋書） ……………………… 65
　　　（和書） ……………………… 64
　編者と訳者がいる場合 …………… 65
　編者と著者がいる場合 …………… 27
　　　（編纂書1冊） ……………… 55
　　　（編纂書の1部分）……… 64,65
　編者名 ……………………………… 27
　　⇒個人編者名，団体編者名
　編集発行人 ……………………… 105

　　　　　　　【ほ】

　法人格のついた団体著者名 …… 26
　放送会社名 ……………………… 92
　放送年月日 ……………………… 92
　翻字 ……………………………… 19
　翻訳記事 ………………………… 70
　翻訳書（外国語から日本語）
　　――の原書名 …………… 29,37
　　――の原著者名 ………… 24-25
　　――の具体例 …………… 57-58
　翻訳書（仏語から英語） ……… 60
　翻訳者名 ………………………… 27
　翻訳者不明 ……………………… 70

　　　　　　　【ま】

　マイクロフィルム ………… 35,54
　枚数 ……………………………… 80
　孫引き ………………………… 17,22
　マストヘッド ………………… 18,111

　丸括弧 ………… 22,33,34-35,35,36,
　　　　　　　　　　　98,111,112
　Ⓒマルシーマーク ……………… 109

　　　　　　　【や】

　訳者名　→翻訳者名
　役割表示
　　（絵） …………………………… 56
　　（監修者） ………………… 27,55-56
　　（監督者） ……………………… 93
　　（作詞者） ……………………… 94
　　（作曲者） ……………………… 94
　　（指揮者） ……………………… 94
　　（実演者） ……………………… 94
　　（出演者） ……………………… 93
　　（文） …………………………… 56
　　（編者） ……………………… 27-28
　　（編著） ………………………… 27
　　（翻訳者） ……………………… 27

　　　　　　　【ら】

　ラジオ番組 ……………………… 92

　　　　　　　【り】

　臨時増刊号 ……………………… 69
　略記 …………………………… 19-20
　略語 …………………………… 19-20

　　　　　　　【れ】

　レポート1冊
　　――の基本形 ………………… 84
　　――の具体例
　　　（英文） ………………… 85-86
　　　（和文） ………………… 84-85
　レポートの1部分
　　――の基本形 ………………… 86
　　――の具体例
　　　（英文） ……………………… 87

（和文） ……………… 86-87
レポート名 ……………… 84,86
レポート番号 …………… 35,84,86
　　複数の―― ……………… 85
　　レポート番号なし ……… 85,87

【ろ】

論文集の中の1論文 …………… 64
論文別のページ ………………… 87
論文名 ………………… 29,86,89

【わ】

和文個人著者名
　　――の省略 …………… 24,54
　　複数の―― …………… 24,54
　　翻訳書の―― ……… 24-25,57-58
和文編者名　　→編者名
和文文献を欧文文献で参照する場合
　　……………………… 18,29,71

【ABC】

APAスタイル ………………… 7
British Library Cataloguing-in-
　Publication Data ………… 17,107
CiNii ………………… 70-71,113,118
CD-ROM ………………… 35,80
DOI ………………… 15,22,71-72,97
DVD ……………………………… 35
ibid. ……………………………… 20
ISBN …………………… 55,59,61
ISO690 …………………………… ii,v
JapanKnowledge ……………… 78
Jr.のついた名前 ………… 25,57,59
J-STAGE ………………………… 71
Library of Congress Cataloging-
　in-Publication Data ……… 17,107
loc. cit. ………………………… 20
MLAスタイル ………………… 7
NDL-OPAC ……………… 17,118

pp. ……………………………… 66
ScienceDirect …………………… 73
『SIST02-2007 参照文献の書き方』
　……………………………… ii,v
SIST02スタイル ………………… 8
Springerlink …………………… 73-74
URL ……… 36,97,114,115,117,118
　⇒ Webサイト、Webページ
Vanのついた名前 ……… 27,72-73
Webサイト …………………… 22
　　――の書き方 ………… 116-117
　　――の基本形 ………… 95,116
　　――の具体例
　　（英文） …………………… 96
　　（和文） …………………… 95
Webサイトの名称 ……… 28,95,116
Webページ …………………… 22
　　――の書き方 ………… 117-118
　　――の基本形 ………… 95,116
　　――の具体例
　　（英文） …………………… 96
　　（和文） ……………… 95-96
Webページのタイトル
　……………………… 29,95,117-118
YOMIURI ON-LINE ………… 76-77

本書の読者は、以下に記されたIDとパスワードを使って、実際に主な資料の参照文献を作成できるテンプレートを利用することができます。

テンプレートURL：http://inyo.nichigai.co.jp
（日外アソシエーツトップページ http://www.nichigai.co.jp
からもアクセスすることができます）

```
User ID = ISB2009
PASSWORD = DBR12345
```

また、引用文献・参考文献についてに関する疑問・質問や、本書についてのご意見・ご感想は以下宛にお寄せ下さい。

　　メールアドレス：sreport@nichigai.co.jp

レポート作成法 ―インターネット時代の情報の探し方
井出翕,藤田節子 著　A5・160頁　定価2,100円(本体2,000円)　2003.11刊

図書館情報学のプロによる、レポート・論文作成の実践的マニュアル。テーマ決定から情報収集・管理、執筆、仕上げまで、実際の手順に沿って解説。

新訂 図書館活用術 ―探す・調べる・知る・学ぶ
藤田節子 著　A5・240頁　定価2,940円(本体2,800円)　2002.6刊

図書館の仕組みを知り、100%使いこなすためのガイド。目録、事典、CD-ROM、データベースまで、様々な情報源とその利用方法についてわかりやすく解説。

日本図書館史概説
岩猿敏生 著　A5・250頁　定価3,990円(本体3,800円)　2007.1刊

図書文化の伝来から、貴族・僧侶・武士などが「文庫」を設立した古代・中世・近世を経て、市民に公開される「図書館」が誕生した明治・大正・昭和戦前期まで、図書館文化の変遷をたどる。

文書管理・記録管理入門 ―ファイリングからISOマネジメントまで
城下直之 著　A5・270頁　定価3,360円(本体3,200円)　2008.9刊

組織における、情報の共有化・活性化に不可欠な「文書管理・記録管理」を基礎から学べる入門書。ファイリングの基本、ISOの本来的な定義、具体的な管理手法と問題解決への道筋、今後の課題等もわかりやすく詳説。

アーカイブへのアクセス
―日本の経験、アメリカの経験《日米アーカイブセミナー2007の記録》
小川千代子・小出いずみ 編　A5・320頁　定価3,990円(本体3,800円)　2008.9刊

日本人・外国人アーキビストら19名による最新報告。公文書の公共性と各資料へのアクセスの確保について、日米両国の経験を踏まえて提言。

図書館情報学研究文献要覧 1999〜2006
「図書館情報学研究文献要覧」編集委員会 編　B5・1,010頁　定価39,900円(本体38,000円)　2009.1刊

図書館・情報学分野の研究書、雑誌論文を網羅的に収集し、「資料保存」「情報検索」「レファレンスサービス」などの項目別に分類した文献目録。8年間に発表された文献29,800点を効率的に調査することができる。

データベースカンパニー
日外アソシエーツ
〒143-8550　東京都大田区大森北1-23-8
TEL.(03)3763-5241　FAX.(03)3764-0845　http://www.nichigai.co.jp/